LAS ISLAS
DEL MEDITERRÁNEO

LA COCINA MEDITERRÁNEA

LAS ISLAS DEL MEDITERRÁNEO

LA COCINA MEDITERRÁNEA

KÖNEMANN

Índice

Índice de las recetas

Pescados y mariscos 90

Postres 154

Carnes y aves de caza 124

Entrantes fríos y calientes

Caponata

Preparación: 45 min
Cocción: 40 min
Dificultad: ★

4 personas

4 berenjenas
2 cebollas
2 tomates
200 g (7 oz) de olivas verdes sin hueso
100 g (3½ oz) de alcaparras
1 corazón de apio

1 zanahoria
1 cucharada sopera de azúcar sémola
100 g (3½ oz) de tomates secos
1 manojo de perejil
3 cl (2 cuch) de vinagre de vino
8 cl (⅓ taza) de aceite de oliva
sal
pimienta

Decoración:
perejil

Representando la imagen de Sicilia, la caponata de berenjenas es una especialidad muy »soleada«. Siendo muy popular, este tipo de ratatouille es un clásico del repertorio culinario insular. Dando el protagonismo a las verduras de verano, este entrante frío, de elaboración sencilla, se distingue por sus sabores agridulces.

Los sicilianos no se ponen de acuerdo en cuanto a los orígenes de la caponata. Algunos piensan que saca su nombre de las tabernas portuarias o caupone, en las que antiguamente se preparaban platos cuya base era el pulpo, el apio, la berenjena,... acompañados de una salsa dulce y salada.

Otros afirman que este vocablo deriva de los pescadores napolitanos, llamados caponi, que cocinaban en su embarcación una especie de sopa de pescado acompañada de verduras.

Pero sí estamos seguros de algo: este plato vegetariano, de gran renombre, basa su historia en el litoral.

Muy estival, esta ratatouille se compone de tomates, cebollas, apio,... Las berenjenas, las auténticas reinas de la caponata, son muy apreciadas por los habitantes de Sicilia. Según la leyenda, los árabes las introdujeron en el sur de Italia en el siglo XVI. En la cocina siciliana, estas verduras suelen rellenarse de tomates, o se realizan albóndigas y paupiettes. Fritas, coronan, con la ricotta, los macarrones a la Norma, especialidad de la región de la Catania.

Reputadas por su calidad excepcional, las alcaparras, cultivadas en las islas Lipari y Pantelleria a lo largo de la costa del sur de Sicilia, realzan los otros ingredientes de la caponata. Confitados al vinagre, estos granos florales del alcaparro han de limpiarse siempre antes de ser utilizados.

Calurosa, la caponata de berenjenas seducirá, sin duda alguna, a sus invitados.

Pele las berenjenas. Córtelas en rodajas espesas y en cubos. Introdúzcalas en un colador y sale generosamente para que saquen el agua. Límpielas y séquelas. Dejar que se haga una compota en 5 cl (3½ cuch) de aceite de oliva, durante unos 10 minutos.

Pele la zanahoria. Rallella. Lave el apio y córtelo en finas rodajas. Pele y pique las cebollas. Pele y triture los tomates. Lave y pique el perejil.

En una sartén, dore las cebollas con el resto del aceite de oliva. Añada el apio. Deje fundir a fuego lento. Introduzca los tomates. Mezcle. Salpimente.

de berenjenas

Añada la zanahoria al preparado de verduras. Añada las alcaparras, las olivas cortadas en rodajas, los tomates secos en rodajas finas y el perejil. Mezcle. Cueza durante unos 10 minutos.

Deposite los dados de berenjenas en la sartén. Cueza durante unos 10 minutos.

Vierta el vinagre y el azúcar. Mezcle. Cueza durante unos 5 minutos. Disponga la caponata de berenjenas en los platos. Adorne con el perejil picado.

Duo de caracoles

Preparación: 20 min
Cocción de los
caracoles boubouristi: 30 min
Cocción de los
caracoles al hinojo: 40 min
Dificultad: ★

4 personas

Caracoles boubouristi al romero:
500 g (1 lb) de caracoles
15 a 20 cl (³/₄ taza) de vinagre
15 cl (²/₃ taza) de aceite de oliva virgen

50 g (1³/₄ oz) de romero fresco
sal

Caracoles al hinojo:
500 g (1 lb) de caracoles
1 kg (2 lb) de ramitas de hinojo
4 tomates bien maduros
6 cebollas verdes
20 cl (³/₄ generosos de taza) de aceite de
oliva virgen
20 cl (³/₄ generosos de taza) de vino blanco
sal
pimienta

Muchos cretenses respetan aún los días de ayuno religioso. Al no poder consumir animales que posean sangre, huevos o productos lácteos, se alimentan con verduras frescas, plantas salvajes, caracoles, legumbres y olivas. Las excavaciones arqueológicas llevadas a cabo en la isla vecina de Santorini han demostrado que los caracoles se cocinaban ya en la época de Minos. Los antiguos Griegos se alimentaban también de estos moluscos fáciles de coger.

Amantes de la plantas aromáticas, los caracoles de las montañas cretenses son muy reputados por su sabor. Tras la recogida, los cretenses los hacen ayunar durante 15 días en cajas llenas de sarmientos. Los limpian con precaución y les quitan el opérculo, si lo poseen.

Entre las 50 recetas de cocciones a fuego lento de la isla, Ioannis Lappas prepara para usted unos caracoles *boubouristi* (fritos) de aperitivo y unos caracoles al hinojo, como plato principal.

El *boubouristi* representa el modo más popular de cocinar los pequeños gasterópodos en Creta. En las reuniones entre amigos, se presentan en *mezze*, alrededor de un vaso de vino o de *tsikoudia* (agua ardiente local). Para que se tuesten de modo uniforme, deben ser dispuestos vivos y con la cabeza hacia abajo en una sartén con un poco de sal.

Durante su cocción, se retraen rápidamente en su concha pero su carne tiene tiempo de impregnarse de sal, que los envuelve en una costra muy crujiente. Los cretenses untan también el jugo de la cocción con *dakos*, deliciosas rebanadas de pan tostado.

En nuestra segunda receta, los caracoles se perfuman con *marathos*, un hinojo salvaje que puebla los lugares rocosos, pero también se pueden sustituir las ramitas de hinojo por eneldo.

Frote con energía los caracoles bajo el agua del grifo, o en una ensaladera llena de agua para quitar la mayoría de las impurezas. Elimine los opérculos en caso de necesidad.

Prepare en primer lugar los caracoles boubouristi: cubra una sartén con una capa de sal y deposite los caracoles dentro. Deje calentar a fuego vivo hasta obtener un jugo amarillo-verdoso. Añada el aceite y remueva enérgicamente la sartén durante unos 5 minutos. Añada el romero.

Desglase los caracoles con el vinagre. Cueza durante unos 20 minutos hasta que esté bien evaporado. Este plato se sirve caliente.

a la cretense

Prepare los caracoles al hinojo: lleve a ebullición una cacerola llena de agua. Meta dentro los caracoles vivos y deje hervir durante 2 minutos.

Pique las cebollas verdes. Sofría los caracoles en una cacerola con la picada de cebollas y el aceite, durante 5 minutos a fuego vivo. Añada el vino blanco la sal y la pimienta. Remueva durante 3-4 minutos.

Corte las ramitas de hinojo y los tomates en cubitos pequeños. Añada todo a los caracoles y deje cocer durante 30 minutos (durante la cocción, añada agua si es necesario). Adorne el plato con un poco de hinojo fresco y sírvalo caliente.

Estopeta de bacalao

Preparación: 20 min
Desalar el bacalao: 24 h
Dificultad: ★

4 personas

400 g (14 oz) de filetes de bacalao
2 tomates maduros
¹/₂ cebolla
2 tallos de cebolleta francesa
1 cucharada sopera de perejil
1 cucharada de café de pimentóu

15 cl (²/₃ taza) de aceite de oliva virgen de Sóller
100 g (7 cuch) de olivas negras marcidas

En las Baleares, como en todos los lugares de España, el bacalao ocupa desde hace varios siglos un lugar principal en los menús diarios. La estopeta, mezcla de bacalao desmigado, tomates triturados, cebollas y hierbas, pertenece a la variedad de platos antiguos. Aun así, los restauradores suelen olvidarla en sus menús, pues remite más a la cocina familiar de otros tiempos que a las últimas tendencias de la moda culinaria. Por el contrario, Óscar Martínez Plaza, lo propone con mucho placer a sus clientes. Según él, esta receta muy simple y compuesta por ingredientes poco costosos, ofrece una deliciosa mezcla digna de las mesas más refinadas.

Para obtener un éxito completo, tendrán que escoger bacalao y aceite de oliva de la mejor calidad. Es primordial desalar el pescado con agua fría ya que no recibe ninguna cocción. Debe cambiar el agua cada tres horas y meter el recipiente en la nevera para facilitar la eliminación de la sal.

Por la misma razón, nuestro chef les aconseja empezar a cortar el bacalao en pequeños trozos antes de desalarlo.

Las olivas y el aceite de oliva son la base de una salsa muy gustosa, que realza de maravilla esta estopeta fresca. En Mallorca, concretamente en la Sierra de Tramuntana, se han desarrollado oliveras en terraza desde el siglo XVI. La cooperativa de Sóller es conocida por su aceite de oliva virgen extra, de color amarillo dorado y poco ácido.

Las olivas de las Baleares se caracterizan por madurar en octubre: son de color negro, un poco arrugadas y poseen un potente perfume. Las que no se transforman en aceite se maceran en vinagre con laurel, ajo y limón. Los habitantes de las Baleares las llaman aceitunas *marcidas*. Estas olivas que se deshacen en la boca aportarán los aromas más deliciosos a su estopeta.

Limpie los filetes de bacalao y pártalos en láminas finas. Métalas en un recipiente con agua fría y deje en remojo durante 24 horas.

Realice un corte en cruz en la piel de los tomates y métalos en una cazuela con agua hirviendo. Cuando la piel se levante, póngalos en un recipiente con agua fría y pélelos con la punta del cuchillo.

Pele y pique la ¹/₂ cebolla. Elimine la raíz de la cebolleta francesa y córtela, así como el perejil. Pique también los tomates mondados.

con olivas maceradas

Escurra el bacalao y colóquelo en un reci-piente. Añada la picada de perejil y de cebolleta francesa.

Añada después la cebolla picada, el papri-ka y los tomates picados (reserve una parte para la decoración).

Deshuese y pique muy finas las olivas hasta obtener un puré. Viértalas en un bol y disuelva con el aceite de oliva. Con un círculo, moldee el bacalao en el centro de los platos. Rodee con salsa de olivas y tomates triturados.

Flores de calabacines

Preparación: 40 min
Cocción: 25 min
Dificultad: ★★

4 personas

16 calabacines pequeños con sus flores
500 g (1 lb) de cola de rape
2 manojos de puerros
3 tomates
30 cl (1¼ tazas) de vino blanco
50 cl (2 tazas) de caldo de pescado

20 cl (¾ generosos de taza) de aceite de oliva
30 g (3 cuch) de fécula de maíz
sal

Inspirados por algunos chefs curiosos por las modas culinarias extranjeras, los habitantes de las Baleares consumen, desde hace poco tiempo, las deliciosas flores de calabacines. En la mayoría de ocasiones, éstas se suelen cocinar enharinadas y doradas en fritura. En cuanto a Bartolomé-Jaime Trias Luis, ha elaborado un relleno rico en sabores compuesto por rape, tomates y puerros cocidos al vino blanco.

La limpieza de las frágiles flores de los calabacines debe ser un proceso muy delicado. Deben abrirse ligeramente los pétalos, pasar un dedo hasta el fondo y sacar con delicadeza el pistilo hacia el exterior. Les pétalos no se abren totalmente para que no se estropeen. Hay que tener en cuenta que estas flores deben conservarse en la nevera bien envueltas hasta que puedan ser utilizadas ya que se marchitan en muy poco tiempo.

Un pescado noble muy apreciado, el rape, empleado para nuestro relleno, es abundante en el Mediterráneo y frecuenta asiduamente las aguas de las Baleares. Según los países, se comercializa sin la cabeza ya que es poco apetitosa. En esta receta, se puede sustituir por lubina, mero, pargo o dentón.

Dejar enfriar siempre el relleno, para que se pueda introducir más fácilmente en las flores de los calabacines. Para acelerar el enfriamiento, no dude en colocarlo durante algunos minutos en el congelador. Se rellenará cada flor con un cucharón con un pequeño pico liso, que se hundirá con cuidado hasta el fondo.

Nuestro chef sirve normalmente tres flores rellenas por persona, tumbadas sobre la salsa o con los pétalos por encima. Los más rápidos gozarán del relleno con una cucharilla. Los más golosos las pasarán por el horno o por la sartén y saborearán el relleno, las flores y la carne de los calabacines.

Quite delicadamente el pistilo situado en el centro de las flores de los calabacines. Corte la punta de los calabacines en bisel para eliminar el trozo de la cola.

Vacíe, pele y limpie la cola del rape. Córtelo en láminas y en cubitos pequeños.

Dore los puerros picados, añada el vino blanco y deje evaporar a fuego vivo. Monde y pique los tomates, y vierta los puerros. Deje reducir añadiendo un poco de vino blanco en caso de necesidad. Haga un triturado con los tomates picados que sobran.

rellenas al rape

Añada por fin los cubitos de rape en la cacerola. Sale y deje cocer durante 5 minutos a fuego vivo.

Rehogue el preparado con 30 cl (1¹/₄ tazas) de caldo de pescado, y con 20 cl (³/₄ tazas) guardados y disueltos a parte con la fécula. Deje espesar sobre el fuego y vaya removiendo, rectifique el aderezo y deje enfriar.

Vierta el relleno en un cucharón de pico. Métalo en una flor de calabacín y presione para meter el relleno. Cierre los pétalos. Deguste el relleno con cuchara o introduzca el preparado durante 10 minutos en el horno a 160 ºC (320 ºF) y sirva caliente.

Keftédès

Preparación: 30 min
Cocción: 1 h
Dificultad: ★

4 personas

500 g (1 lb) de pulpo
100 g (3¹/₂ oz) de pan rallado
50 g (1³/₄ oz) de cebolla
20 g (³/₄ oz) de eneldo
1 diente de ajo
20 g (³/₄ oz) de perejil

100 g (²/₃ taza) de harina
20 cl (³/₄ generosos de taza) de vino tinto
sal
pimienta
aceite de oliva para freir

Las albóndigas o *keftédès* de pulpo figuran en el menú de Semana Santa. En general se sirven en *mezze* para aderezar el aperitivo, recubiertas de salsa de tomate o simplemente adornadas con rodajas de tomate y limón.

Los ribereños de las costas cretenses, quienes consumen una gran cantidad de productos marinos, demuestran una gran predilección por los bacalaos, las sepias y los pulpos. Pero entre los cefalópodos, solamente estos últimos son convenientes para preparar las albóndigas: los calamares no poseen la carne suficiente y la de las sepias es demasiado firme. Es preferible escoger un pulpo grande con los tentáculos bien provistos.

Si el pulpo se seca demasiado durante la cocción en el vino tinto, no dude en añadir agua. Cuando esté tierno, séquelo y elimine la piel fina de color violeta. Para cocer este molusco, los cretenses emplean un vino de un color rojo-rosado fuerte de sabor y de alcohol. Es producido por pequeños viticultores con diferente cepas.

Para obtener un preparado suculento, nuestro chef les sugiere el método siguiente: tras la cocción, congelar el pulpo durante una noche. Conservará así una textura perfecta cuando lo pasen por el triturador. También se puede picar directamente después de la cocción, pero la carne estará más blanda y elástica.

Deliciosos para aderezar sus albóndigas, el eneldo y el perejil son las dos plantas aromáticas más apreciadas en Grecia. Llamado *anithos,* el eneldo se compone de tallos rectos y huecos y de flores en forma de sombrillas: es la razón por la que se incluye en la familia de las umbelíferas, como el anís y el hinojo. Los antiguos griegos utilizaban sus flores y sus granos de una manera culinaria y farmacéutica.

Les sugerimos también, añadir un poco de aceite de oliva y de vinagre en la pasta para que esté más tierna, aromática y que sea más fácil de manipular.

Limpie el pulpo bajo el grifo, sofríalo en el aceite y tápelo hasta que »saque el agua« y tome un color rojo. Añada el vino, tape y cueza durante 45 minutos.

Limpie y pele el pulpo cocido. Corte los tentáculos en trozos gruesos. En un robot de cocina, píquelos hasta obtener una pasta fina.

Vierta la pasta de pulpo en un recipiente. Añada la cebolla y el ajo picados, la sal, la pimienta y el pan rallado.

de pulpo

Incorpore el perejil y el eneldo picados. Mezcle bien el triturado con los dedos para que los ingredientes queden bien repartidos.

Coja unos pequeños trozos de triturado y enróllelos cuidadosamente en el fondo de la mano, para así formar albóndigas del tamaño de una ciruela.

Vierta la harina en un plato y haga rodar las albóndigas. Después, dórelas en la sartén en un baño de aceite de oliva muy caliente. Escurra con papel absorbente y deguste.

Fondant de figatellu

Preparación: 15 min
Cocción: 25 min
Dificultad: ★

4 personas

½ figatellu
3 huevos
50 g (3½ cuch) de mantequilla
25 cl (1 taza) de leche
1 diente de ajo
1 chorrito de aceite de oliva

sal
pimienta

Caramelo:
80 g (6 cuch) de azúcar sémola
1 chorrito de vinagre de miel
2 cl (4 cuchtas) de Cap Corse (vermut)

Este entrante caliente resulta muy original y magnifica los sabores típicamente corsos. Adecuadamente pensado por Serge Fazzini, este preparado dulce-salado es un bonito homenaje a los productos de su isla. De preparación fácil, seducirá, sin duda, a sus invitados.

De una calidad excelente, la charcutería es uno de los adornos de la cocina corsa. Aún se fabrica de manera artesanal, siguiendo los métodos ancestrales. En los pueblos pequeños de la Córcega profunda, se conjuga hasta el infinito : *figatellu* (salchicha de hígado de cerdo), *coppa, prizzuttu* (jamón), etc.

Criados casi en libertad en la isla de Beauté, los cerdos se cruzan a veces con jabalíes dando lugar a una carne de increíble sabor. Alimentados esencialmente con castañas, se matan tradicionalmente en las fiestas de Navidad.

En el seno familiar, los *figatellu* se ahuman en el *fucone,* el lugar con fuego de leña de la casa, durante 3 ó 4 días, y se se-

can en una habitación aireada. Se consumen normalmente asados sobre la brasa. Se pueden encontrar en los colmados especializados.

Mezclado con mantequilla, leche y huevos, el *figatellu* desvela su carácter rústico y enriquecido con una punta de ajo, reafirma sus orígenes mediterráneos. Cultivado desde hace más de 5.000 años, el ajo es una planta de bulbo con un sabor pronunciado. Disponible durante todo el año, su gusto depende de su elaboración: cocido, se muestra más dulce que crudo y picado.

Amante de los productos de su tierra, nuestro chef les sugiere recubrir los *fondant de figatellu* con una salsa de caramelo, con sabores de Cap Corse. Este vino suave puede ser sustituido por Oporto o Marsala.

Para perfeccionar este viaje culinario, también puede presentar en los platos un trocito de *brocciu,* queso fresco y aromatizarlo con népitaa o monta salvaje.

Con un cuchillo, quite la piel del figatellu. Pártalo en trozos. Colóquelos en el robot de cocina y píquelos.

Deposite el diente de ajo pelado, la mantequilla fundida, los huevos y la leche. Salpimiente y pique de nuevo.

Con la ayuda de un pincel, engrase con aceite de oliva cuatro recipientes y vierta el preparado picado.

de Serge Fazzini

Deposite los recipientes en un plato para el horno. Vierta agua con cuidado. Cueza al baño María durante unos 25 minutos, a 180 °C (355 °F). Desmolde.

Para el caramelo, vierta el azúcar en una sartén. Añada un poco de agua y póngalo a cocer. Cuando la consistencia se convierta en sirope, añada el vinagre de miel. Mezcle con una espátula de madera.

Vierta el Cap Corse en el caramelo y mezcle. Disponga en el plato el fondant de figatellu con un cordón de salsa.

Pa amb oli

Preparación: 30 min
Cocción: 10 min
Dificultad: ★

4 personas

1 pan de payés
100 g (3¹/₂ oz) de tomates secos
1 tallo de cebolleta francesa
1 cabeza de ajo fresco
200 g (7 oz) de queso de Mahón
1 cucharada de café de pimentóu

100 g (3¹/₂ oz) de olivas negras marcidas
1 tomate fresco (opcional)
Algunas ramitas de perejil (opcional)
aceite de oliva virgen de Sóller
sal

Es fácil de preparar y poco costoso, el *pa amb oli* o pan con aceite es, desde hace varios siglos, un plato exquisito para los habitantes de las Baleares. En otras épocas, echaban un poco de sal sobre una rebanada de pan fresco y luego la untaban en aceite de oliva. Para una presentación más rica, nuestro chef añade tomates secos sobre el pan, queso y hierbas confitadas, y rodea su preparado con salsa de olivas.

El pan rústico de primera calidad será la base de este entrante. En las Baleares, suelen emplear pan de payés, un pan redondo cuya miga es blanca y firme, y está recubierta por una corteza espesa de color marrón. Posee la ventaja de secarse lentamente y, así, se conserva durante bastantes días.

Sobre esta delicia se depositan entonces unos suaves tomates secos. Este antiguo preparado todavía hoy es realizado por las abuelas de la isla: éstas disponen los tomates enteros en una cazuela llena de agua, y sitúan el preparado cerca de una fuente de calor de 6 a 8 horas.

Cuando el agua se ha evaporado y los tomates están bien deshidratados, los dejan reposar hasta que estén tibios y posteriormente los pelan.

Unas lonchas de queso de Mahón serán las que aderezarán los tomates. El queso más popular de las baleares se hace en la isla de Menorca, región verdosa conocida desde la Antigüedad por la calidad de sus bovinos. Basado en la leche de vaca cruda, algunas veces se recubre con aceite y con *paprika* para una mejor conservación.

Para realizar la salsa, se deshuesan pican y mezclan las olivas negras. Se llaman *marcidas* las últimas y arrugadas que se han quedado en el suelo tras la recogida. Se maceran después en una mezcla de condimentos siendo el aliado perfecto del aceite de Sóller. La ciudad de origen de nuestro chef produce el mejor aceite de oliva de las Baleares.

Quite la corteza del pan de payés. Corte la miga en rebanadas regulares, y en rectángulos de 10 cm (4 in.) de largo por 2 a 3 cm (0,98 in.) de ancho y 1,5 cm (0,59 in.) de espesor. Túestelas durante 10 minutos al horno a 180 °C (355 °F).

Deposite los rectángulos de pan tostados en un plato. Salpique con paprika, sal y un chorrito de aceite de oliva.

Sobre cada trozo de pan, disponga varios tomates secos y superpóngalos ligeramente. Añada otro chorrito de aceite.

con queso

Quite la corteza del queso de Mahón. Con un cuchillo, córtelo en láminas muy finas. Disponga sobre el pan cubierto con tomates secos.

Vierta un fondo de aceite en una cacerola y caliéntelo hasta 80 °C (176 °F). Añada el ajo fresco y la cebolleta francesa. Deje fundir durante 20 minutos sin que se coloree demasiado.

Deshuese y pique las olivas. Mézclelas con aceite de oliva. En cada plato, disponga un hilo de salsa de olivas, un salpicón de tomate, 2-3 hojas de perejil y un rectángulo de pan. Adorne éste con ajo y cebolleta francesa confitados y recubra con aceite.

Pimientos rellenos

Preparación: 25 min
Cocción: 20 min
Dificultad: ★

4 personas

4 pimientos rojos
150 g (5¹/₂ oz) de pan rallado
100 g (3¹/₂ oz) de pecorino rallado
400 g 14 oz) de tomates
1 manojo de albahaca
2 dientes de ajo

5 cl (3¹/₂ tazas)de aceite de oliva
sal
pimienta

Decoración:
albahaca
pecorino rallado
aceite de oliva

A pesar de su sencillez, los pimientos rellenos a la siciliana son un verdadero placer para el paladar y se saborean principalmente en verano.

De preparación fácil, este plato tradicional cede el protagonismo a los productos de la tierra. Los pimientos rojos son muy apreciados por su gusto suave y su carne espesa y dulce que resulta ideal para esta receta. Antes de rellenarlos, es necesario introducirlos durante unos 20 minutos en el horno. Esta operación permite pelarlos más facilmente. Si desea colorear sus platos, también puede usar pimientos amarillos y naranjas. Debe escogerlos muy maduros, lisos, con el pedúnculo bastante verde y rígido, y sin manchas ni marchitamientos.

En la cocina siciliana, los rellenos siempre están orquestados de una manera muy sabia. El pan rallado se utiliza frecuentemente en su elaboración. Todavía hoy, el pan es un producto muy respetado por las familias.

La miga, tras ser rallada, sirve para enriquecer gran número de preparados. Su textura agradable y crujiente contribuye a dar carácter a los pimientos.

Siendo esta una especialidad muy »soleada«, afirma sus orígenes insulares por la presencia del ajo, la albahaca y, claro está, del aceite de oliva. Con cerca de 180.000 hectáreas de olivos de variedad *biancolilla, moresca, nocella etnea y tonda iblea,* Sicilia es la región más productiva de Italia. Deliciosamente afrutado y robusto, este aceite se caracteriza por un regusto de almendra dulce.

Enrollados en *paupiettes,* los pimientos rellenos son realzados con el increíble sabor del *pecorino.* Este queso de oveja, muy apreciado en el Sud de la Botte, se compenetra muy bien con los demás ingredientes. Se puede sustituir eventualmente por queso parmesano.

Deposite los pimientos rojos en la bandeja del horno. Sale generosamente. Áselos durante unos 10 minutos. Voltéelos y áselos de nuevo durante 10 minutos más.

Pélelos y ábralos por la mitad para quitarles las pepitas.

Para el relleno, pele y quite las pepitas de los tomates. Córtelos en dados pequeños. Pique los dientes de ajo y corte las hojas de albahaca.

a la siciliana

Deposite el pan rallado, el ajo, el pecorino rallado, la albahaca y los tomates en un recipiente. Salpimente. Vierta el aceite de oliva y mezcle con una espátula de madera.

Con la ayuda de la espátula de madera, deposite cuidadosamente el relleno sobre los pimientos.

Enrolle los pimientos sobre sí mismos. Dispóngalos en el plato. Adorne con el pecorino, la albahaca y con un chorrito de aceite de oliva.

Ensalada del

Preparación: 10 min
Cocción: 10 min
Dificultad: ★

4 personas

1 lechuga rizada
4 huevos extra frescos
200 g (7 oz) de figatellu (salchicha corsa)
6 cl ($^1/_4$ de taza) de vinagre de miel
4 cl ($2^1/_2$ cuch) de aceite de oliva
sal
pimienta reciéu molida

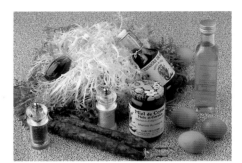

Aderezo:
3 cl (2 cuch) de vinagre de vino
60 g ($^1/_4$ de taza) de miel silvestre
10 cl (7 cuch) de aceite de oliva
sal
pimienta

Bañada por las aguas turquesas del Mediterráneo, Córcega exhala perfumes del maqui. Esta tierra de múltiples contrastes se distingue por su vegetación única. De las 2.300 especies florales censadas, 280 son endémicas, es decir propias de la »Ile de Beauté«. Orgullosos de esta riqueza, sus habitantes han tenido siempre mucho respeto por la miel.

De preparación fácil, la ensalada del apicultor es un bonito homenaje a los productos de la tierra. Con pocos ingredientes, este entrante casa adecuadamente los sabores dulces y salados.

Famosa desde la Antigüedad, la miel corsa era apreciada en particular por las mujeres de la aristocracia romana que la empleaban para perfumar su baño de leche de burra. Disponiendo desde hace algunos años de una denominación de orígen controlada, este producto, fruto del libar de las abejas, se divide en 6 categorías de sabores. Vincent Tabarani ha deseado, para este preparado, utilizar la miel silvestre.

Según la estación, este néctar divino adopta gustos muy diferentes. La de la primavera, cosechada desde los primeros días de mayo en una zona que se extiende desde el litoral hasta la montaña, es particularmente delicada. Con un color ámbar, debe su carácter particular al brezo blanco asociado a la lavanda y al romero salvaje.

Floral y afrutada, la miel silvestre de verano es producida en el valle alto, a partir de una multitud de plantas salvajes como el tomillo y la retama. En cuánto a la de otoño, posee un gusto potente y amargo. Frecuentemente cremosa, su olor amaderado recuerda al madroño y al castaño.

Deliciosa, la ensalada del apicultor da también protagonismo al *figatellu*. Esta salchicha, típica de la isla, se compone de hígado de cerdo. Los corsos la degustan tradicionalmente asada sobre la brasa, entre dos rodajas de pan o de polenta con harina de castaña. Se puede sustituir por salchichón seco o panceta curada.

Lave la lechuga rizada. Quite las hojas verdes. Con un cuchillo, corte las hojas blancas en láminas finas.

Con la punta del cuchillo, pique el figatellu. Áselo en la barbacoa, durante 10 minutos.

Con la ayuda de un cuchillo, corte el figatellu en rodajas de un espesor regular.

apicultor

Para el aderezo, vierta en un bol el vinagre de vino. Salpimente. Añada la miel silvestre. Mezcle con un tenedor. Añada el aceite de oliva. Reserve el aderezo.

Caliente 4 cl (2¹/₂ cuch) de aceite de oliva en una sartén. Rompa los huevos. Fríalos y salpimente.

Vierta sobre los huevos el vinagre de miel. Desglase. Disponga en el plato la ensalada del apicultor con los huevos y el figatellu. Aderece.

Ensalada de mojama de atún,

Preparación: 10 min
Cocción: 1 min
Dificultad: ★

4 personas

180 g (6¹/₂ oz) de mojama de atún rojo
300 g (11 oz) de hinojo
4 naranjas
100 g (3¹/₂ oz) de olivas negras sin hueso
1 cucharada sopera de vinagre de vino blanco

1 limón
3 cucharadas soperas de aceite de oliva

Decoración :
granos de hinojo
4 ramas de hinojo

Tierra de tradiciones, Sicilia ofrece aún hoy la cara de una isla donde el tiempo parece haberse detenido. Si el espíritu de familia es una realidad, otras costumbres están muy ancladas en mentalidades pasadas. La *mattanza,* o pesca del atún, atrae cada año a Favignia, en la costa de Trapani, a miles de espectadores. Este pescado gigantesco puede llegar a medir 4 metros (13 ft.) y pesar varios quintales, es particularmente apreciado en la cocina insular.

De fácil preparación, la ensalada de mojama de atún, naranjas e hinojo es un preparado originario de Porto di Capo Passero, un pequeño pueblo de pescadores, situado en el extremo sur de la isla. Este entrante frío magnifica los sabores típicamente sicilianos y es ideal para saborearlo en verano.

Verdadera especialidad, la *bottarga di tonno* (mojama de atún) se compone únicamente de las huevas de la hembra del atún que han sido delicadamente prensadas y saladas.

Llamado también »caviar siciliano« este producto bastante típico se corta en rodajas. Se puede consumir crudo, frito o también cocido al vapor. En algunas recetas es aderezado con aceite de oliva, ajo, perejil y realzado con pimentón rojo.

Rebosante de vitaminas, esta ensalada está condimentada con el gusto ácido de las naranjas. Famosa desde la Edad Media por la calidad de sus cítricos, la región de Palermo nos recuerda un magnífico jardín. Implantada entre el siglo XI y el XII, la cultura de estas frutas se benefició del sistema de irrigación heredado de los árabes. Entre las numerosas variedades producidas en la isla, destacan la célebre *navel,* la *tarocco* o incluso la *oval.*

Extremadamente refrescante, este entrante es una bella mezcla de sabores y texturas. El hinojo encuentra adecuadamente su sitio al lado de los otros ingredientes, aportando su carácter crujiente y su perfume anisado.

Pele la piel de las naranjas. Quite las pepitas y reserve el zumo de los cítricos.

Lave el hinojo y con un cuchillo córtelo en finas rodajas. Deposítelo en un recipiente con agua y limón.

Con un cuchillo, corte la mojama de atún rojo en lonchas de un grosor regular.

naranjas e hinojo

Deposite las olivas negras sin hueso en una sartén. Saltéelas en aceite durante 1 minuto. Vierta el vinagre.

Vierta en un recipiente el zumo de naranja reservado. Añada 1 cucharada sopera de agua caliente y el aceite de oliva restante. Mezcle hasta obtener una emulsión.

Con un colador, escurra el hinojo. Disponga en el plato, con la mojama, las olivas y la emulsión. Adorne con los granos y las pelusas del hinojo.

Ensalada de

Preparación: 10 min
Cocción: –
Dificultad: ★

4 personas

100 g (3½ oz) de mojama de huevas de
lisa japonesa
80 g (3 oz) de corazón de apio
60 g (2 oz) de tomates
1 limón

2 cucharadas soperas de aceite de oliva
pimienta recién molida

Decoración :
flores de apio

Adecuadamente tipificada, la ensalada de mojama es un clásico del repertorio culinario sardo. Rico en sabores, este entrante lleva el nombre de la hija de nuestro chef. De muy fácil elaboración, se saborea principalmente en verano.

Rodeada de un mar esmeralda con una pureza cristalina, Cerdeña es la isla más alejada de la península italiana.

Sobre esta bella tierra, los habitantes son reputados por confeccionar platos muy simples. Particularmente apreciado por los insulares, *el mojama di muggine* (mojama de huevas de lisa japonesa) es una especialidad muy reconocida.

Pescada esencialmente en la costa de Cabras al oeste del país, la lisa japonesa es un pescado con un gusto muy yodado. La elaboración de la mojama se realiza normalmente entre los meses de agosto y septiembre cuando las hembras tienen el vientre lleno de huevas. Después de la extirpación, estas últimas se salan y prensan entre dos planchas de madera para darles esa

forma cuadrangular y alargada tan característica . Durante tres o cuatro meses, las huevas, acondicionadas de este modo, se sitúan en un lugar aireado antes de ser reducidas a pasta de un color oscuro, homogéneo y con un sabor inconfundible.

Muy apreciado en la gastronomía sarda, la mojama se degusta también en el *antipasti,* cortado en finas rodajas sobre pan fresco. Algunas veces, también se reduce en migas, aderezado con aceite de oliva para realzar los espaguetis. Indispensable para la elaboración de nuestra ensalada, está disponible en los comercios italianos u orientales así como en los colmados selectos.

Nuestro chef les sugiere meterla durante un rato en el congelador para favorecer su corte.

En este entrante, el apio desvela su textura crujiente y su perfume ligeramente anisado. Este plato es una muy buena ocasión para descubrir la riqueza de la cocina sarda.

Lave el corazón del apio. Con un cuchillo, córtelo delicadamente en láminas.

Monde los tomates. Córtelos en dados pequeños de un grosor regular.

Con la ayuda de un cuchillo, corte la mojama de huevas de lisa japonesa en lonchas finas de un grosor regular.

mojama Isabella

Exprima el limón para guardar el zumo. Con la punta de un cuchillo, retire las eventuales pepitas.

Prepare el aderezo de la ensalada, depositando en un bol la pimienta. Vierta el aceite de oliva. Añada el zumo de limón y mezcle.

Sitúe un círculo en el centro del plato. Deposite en el interior una capa de apio. Recubra con mojama, y posteriormente con tomate. Renueva la capa. Retire el círculo. Vierta el aderezo y adorne con las flores de apio.

Espaguetis a la mojama

Preparación: 10 min
Cocción: 10 min
Dificultad: ★

4 personas

500 g (1 lb) de espaguetis medios
25 g (1 oz) de mojama de lisa japonesa
250 g (¹/₂ lb) de langostinos grandes
1 diente de ajo
¹/₂ manojo de perejil

8 cucharadas soperas de aceite de oliva
sal

Decoración:
perejil

Amante de los productos de su tierra, Amerigo Murgia afirma que para degustar la mejor mojama del mundo se tiene que ir a Cerdeña. Esta especialidad nacional, que se compone de huevas de lisa japonesa secas y saladas, es particularmente apreciada por los insulares. Junto con los espaguetis y los langostinos, la mojama, preparada de este modo, revela su sabor yodado, ofreciendo a este plato su nobleza.

Típica del litoral sardo, la *bottarga di muggine* se consumía en otros tiempos generalmente en invierno. Hoy, se dispone de ésta durante todo el año en los colmados especializados. Debe poseer un bonito color ámbar, según nuestro chef, una mojama muy clara significa que las huevas no han secado lo suficiente. En cambio, si es demasiado negra, le traiciona su avanzada edad.

Pescadas a finales de verano, en la costa de Cabras, las hembras de lisa japonesa se capturan en este período del año solamente por sus huevas.

Saladas y prensadas entre dos planchas de madera, estas últimas se sitúan posteriormente en un lugar aireado durante 3 ó 4 meses. Reducido a una pasta homogénea, este »caviar sardo« siempre se presenta en una forma cuadrangular.

A menudo unida a los espaguetis o a otras pastas como los tallarines, la mojama exhala su típico sabor. De preparación simple, este plato puede degustarse como entrante caliente o plato principal.

Paraíso de los pescadores, las costas sardas, famosas por su gran pureza, rebosan de peces, moluscos y crustáceos. Con tan sólo meter las manos bajo el agua, se agarran pulpos, cangrejos y langostinos. Buscados por su finura excepcional, estos últimos participan activamente en el éxito de este preparado. También puede probar esta receta con cigalas. Deliciosamente perfumado con aceite de oliva, ajo y perejil, este plato de pasta desvela los sencillos encantos de Córcega.

Con la ayuda de un cuchillo, ralle la mojama muy fina.

Desmenuce los langostinos con los dedos. Pártalos en tres trozos. Lave y corte el perejil. Pele el diente de ajo y macháquelo.

Caliente el aceite. Deposite el ajo machacado y el perejil cortado. Añada los langostinos desmenuzados y saltéelos un poco.

y langostinos

Caliente una cacerola con agua. Cuando rompa a hervir, échele sal. Vierta los espaguetis y hiérvalos durante unos 9 minutos.

Pase directamente los espaguetis al preparado de langostinos y vaya removiendo.

Vierta la mojama rallada en el preparado de pasta. Remueva nuevamente para mezclar. Disponga en el plato los espaguetis a la mojama y los langostinos. Adorne con perejil picado.

Espaguetis tradicionales

Preparación: 20 min
Cocción: 1 h 10 min
Dificultad: ★★

8 personas

4 cabezas de conejo
4 riñones de conejo
4 hígados de conejo
200 g (7 oz) de concentrado de tomate
500 g (1 lb) de tomates pelados de lata
3 cebollas medianas

8 dientes de ajo
50 g (1³/₄ oz) de zanahorias
50 g (1³/₄ oz) de guisantes frescos desvainados
2 ó 3 pequeños chiles
3 hojas de laurel
600 g (1¹/₄ lb) de espaguetis
parmesano rallado
aceite de oliva
sal
pimienta

En el año 1530, el emperador Carlos V, con su magnificencia, ofreció la isla de Malta a los caballeros de San Juan de Jerusalén. Allí instalaron la sede de su orden hospitalaria, construyeron iglesias, fortalezas y palacios, y fundaron la capital, La Valeta. En esa época, los conejos salvajes pululaban por la isla. Concienciados en guardar esta abundante reserva de carne para ellos, los caballeros prohibieron a los habitantes cazarlos. Todo cazador furtivo era enviado a remar a las galeras. Localmente llamados *spaghetti biz-zalza tal-fenek,* estos espaguetis tradicionales permiten valorizar de un modo económico las partes y entrañas del conejo no usadas para la elaboración del *fenek moqli,* un delicioso salteado de ajo al vino blanco considerado como el plato nacional maltés.

Un caldo de cabezas de conejo servirá de base para la salsa. Para la cocción de las cabezas partidas, no duden en perfumarlas con cebollas verdes cortadas. Del mismo modo, el romero acompañará agradablemente el laurel en el caldo.

Cuando éste último haya hervido durante bastante tiempo, se podrá filtrar a parte e incorporar a la salsa de tomate. Otros vierten directamente el caldo en un colador dispuesto sobre la cazuela de salsa.

Tan amantes de los tomates como los italianos, los malteses introducen esta sabrosa hortaliza en sus comidas cotidianas. Incluso existen variedades locales como el enorme tomate buey con pliegues. Los malteses los utilizan también para preparar el *hobz biz-zejt,* un sandwich con una base de pan rústico con tomates, menta, alcaparras y aceite de oliva. Como Malta está situada sólo a 93 km de Sicilia, sus habitantes se han convertido en amantes de los espaguetis y encuentran en las tiendas una gama de pastas parecidas a las propuestas en Italia.

Sirva los espaguetis muy calientes en su salsa, con aceite de oliva y generosamente espolvoreados con parmesano.

Trinche las cabezas de conejo y dórelas durante 5 minutos en aceite. Añada 1 cebolla cortada muy fina y continue dorando durante algunos minutos.

Rehogue las cabezas de conejo con agua fría. Añada el laurel. Lleve a ebullición y cueza durante 45 minutos a fuego lento.

Mientras el caldo hierve, sofría 2 cebollas, los chiles y el ajo picado. Añada el concentrado de tomates y hiérvalo durante 3 minutos y vaya removiendo. Añada los tomates pelados triturados, sal, pimienta y hiérvalo durante 3 ó 4 minutos más.

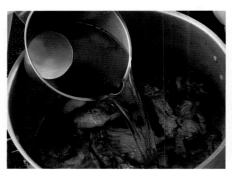

al conejo

Filtre el caldo de conejo y viértalo en la cacerola de la salsa de tomate.

Corte rápidamente los hígados, los riñones y las zanahorias en pequeños cubos de un tamaño regular.

Añada las zanahorias, los hígados y los guisantes en la salsa de tomate y cueza durante 8 minutos. Durante este tiempo, cueza los espaguetis durante 8 minutos en agua hirviendo. Mezcle los espaguetis escurridos y la salsa de tomate. Añada aceite de oliva y parmesano.

Storzapretti

Preparación: 40 min
Cocción: 25 min
Dificultad: ★

4 personas

300 g (11 oz) de hojas de acelga
1 brocciu de 400 g (14 oz) (queso corso)
2 huevos
100 g (1 taza rasa) de requesón corso
rallado
3 pizcas de népita seca (menta picante
salvaje)
100 g (²/₃ de taza) de harina

20 g (³/₄ de oz) de pan rallado (opcional)
sal
pimienta

Salsa de tomate:
4 tomates
1 diente de ajo
¹/₂ cebolla
¹/₂ manojo de perejil
3 cl (2 cuch) de aceite de oliva
sal
pimienta

Muy generosa, la cocina corsa es en primer lugar consistente. En esta magnífica isla, las mujeres siempre han preparado platos muy copiosos únicamente con los productos de la tierra. Extremadamente ricos, los *storzapretti*, que significan literalmente »ahogacuras« se inscriben en esta línea. Según la leyenda, esta especialidad debe su nombre a un cura particularmente goloso que saboreaba todos los días una gran cantidad de estas croquetas vegetarianas.

De preparación fácil, este plato se propone habitualmente como entrante caliente. Si desea presentarlo como plato principal, no se olvide de doblar la dosis. Sabiamente orquestados, los *storzapretti* desvelan sabores muy apreciados por los paladares corsos.

En este preparado, el famoso *brocciu*, queso típico de la isla, aporta toda su ternura y untuosidad. Todavía hoy se fabrica artesanalmente en invierno y en primavera, también se puede sustituir por *serac*, de gusto bastante parecido.

Este plato tradicional otorga también protagonismo a las hojas de acelga, blanqueadas durante unos minutos y cortadas muy finas, éstas casan muy bien con el *brocciu*. Cultivadas en los pequeños huertos de la Córcega profunda, estas verduras tónicas y refrescantes abundan en los mercados a partir de la primavera. Escoja los tallos jóvenes ya que poseen un gusto más suave. No olvide lavarlos delicadamente antes de utilizarlos. También puede elaborar esta receta con hojas de espinacas.

Perfumados con népita, menta salvaje ligeramente picante, los *storzapretti* adoptan sabores del *maqui*. Las croquetas así preparadas son realzadas con los sabores específicos del requesón corso.

Este queso de oveja con gusto potente aporta su carácter y acentúa los orígenes rústicos de esta especialidad.

Limpie las hojas de acelga. Retire las cardas. Caliente una cacerola con agua salada. Cuando llegue a ebullición, introduzca las hojas. Cueza durante 2 minutos. Escurra y corte las hojas.

Para la salsa, sofría la media cebolla picada. Añada el ajo y el perejil picados. Vierta los tomates triturados. Salpimente. Cueza a fuego lento durante unos 20 minutos. Pique y posteriormente guárdelos.

En un recipiente, deposite el brocciu en migajas, las acelgas cortadas y los huevos. Salpimente. Espolvoree la népita y mézclelo todo. Si el preparado es demasiado líquido, añada un poco de pan rallado.

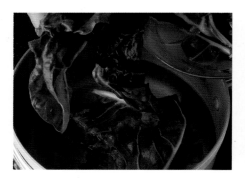

al requesón corso

Con la ayuda de una cuchara, dé forma a las croquetas con el relleno y enharínelas.

Ponga agua salada en una olla. Cuando hierva, deposite las croquetas con una espumadera. Cuando suban a la superficie, retírelas.

Vierta la salsa de tomate en un plato para el horno. Ponga las croquetas encima. Espolvoree el requesón corso rallado. Cueza a 200 °C (390 °F) durante 5 minutos. Disponga los storzapretti sobre la mesa.

Atún immellah a la crema

Preparación: 30 min
Remojo de
los garbanzos: 1 noche
Cocción: 1 h 5 min
Dificultad: ★

4 personas

200 g (7 oz) de atún salado
10 cl (7 cuch) de aceite de oliva
4 rebanadas de pan rústico maltés

Crema de garbanzos:
200 g (1 taza) de garbanzos
4 filetes de anchoas en aceite
¹/₂ ramo de perejil

3 dientes de ajo
5 cl (3¹/₂ cuch) de aceite de oliva

sal
pimienta

Ensalada de tomates:
2 tomates gordos
3 dientes de ajo
¹/₂ cebolla roja
8 hojas de albahaca
1 cucharada sopera de alcaparras
¹/₂ ramo de perejil
5 cl (3¹/₂ cuch) de aceite de oliva
sal
pimienta

Decoración (opcional):
hojas de roqueta

En su restaurante de Marsascala bautizado »Il Re del Pesce« (El Rey del Pescado), Michael Cauchi se ha especializado en los productos del mar. A modo de aperitivo, les propone unas rodajas de atún salado acompañadas de una suculenta crema de garbanzos con anchoas y de pan tostado con una capa de ensalada de tomates.

El atún pertenece a las especies que más se pescan en las aguas maltesas. A nuestro chef le encanta cocinarlo fresco, al horno en una salsa de alcaparras o agridulce. La carne de atún salada se comercializa en bloques enteros o ya cortados. No necesita cocción, y adora la compañía de las verduras en la ensalada.

Para elaborar el puré de garbanzos, éstos deben estar en remojo durante una noche y hervir durante una hora. Cuando se piquen, añadir un poco de agua proporcionalmente, para que el puré sea cremoso. Para cocinar más rápidamente, se pue-

den también emplear garbanzos en lata cocidos y listos para comer. Estas legumbres muy apreciadas en el Magreb llegaron a Malta tras múltiples invasiones que marcaron la historia de la isla.

Crema de garbanzos, rodajas de atún y ensalada de tomates se enriquecerán con aceite de oliva, aunque los chefs malteses cocinan también a menudo con aceite de maíz.Los olivos son escasos en Malta y únicamente se encuentra una marca local de aceite de oliva. Nuestro chef condimenta su ensalada con tomates sobre rodajas de pan maltés *(hobza)*. Es una versión gastronómica de una delicia particularmente propagada en Malta, el *hobz biz-zejt,* pan con aceite normalmente degustado en la calle o en la barra de un bar.

Condimente los preparados con hojas de roqueta, y no dude en añadir abundante aceite de oliva.

Crema de garbanzos: ponga los garbanzos en remojo durante una noche. Al día siguiente, límpielos y cuézalos durante 1 h en una cazuela con agua hirviendo. Escúrralos y píquelos en puré con un poco de agua de la cocción.

Pele y pique el ajo, las anchoas y el perejil. Añádalo al puré de garbanzos. Añada luego un chorrito de aceite, sal y pimienta. Mezcle bien y guarde en frío.

Ensalada de tomates: pele los tomates y córtelos en cubitos pequeños. Corte la albahaca y el perejil. Pele y pique el ajo y la cebolla roja. Pique las alcaparras y disponga todos estos ingredientes en un recipiente.

de garbanzos

Condimente la ensalada de tomates con un chorrito de aceite de oliva. Salpimente. Mezcle bien con una cuchara.

Tueste las rebanadas de pan en el grill del horno. Recúbralas con ensalada de tomates.

Corte el atún en rodajas finas. En los platos, disponga 2 ó 3 lonchas de atún en un lado, una tostada cubierta de ensalada de tomates en el centro y un poco de puré de garbanzos. Condimente con aceite de oliva y sirva muy frío.

SOPAS

Aljotta

Preparación: 35 min
Cocción: 50 min
Dificultad: ★★

4 personas

2 kg (4 lb) de filetes de pescado fresco
(rescaza, salmonete, meros pequeños, …)
2 cebollas rojas o pajizas
2 zanahorias
3 hojas de laurel
2 cucharadas soperas de aceite de oliva

4 tomates
2 ó 3 tallos de mejorana fresca
5 ó 6 hojas de albahaca fresca
100 g (¹/₂ taza) de arroz de grano largo
sal
pimienta

En verano, los malteses aprovechan el abundante pescado para preparar sus delicosas sopas. Prima de la bullabesa marsellesa, la muy conocida *aljotta* toma su nombre del italiano *aglio,* ya que contiene gran cantidad de ajo. Pero al contrario que en la bullabesa, nunca se incorporan crustáceos.

Esta vieja receta se creó con el objeto de reutilizar el excedente de pescado al que se añadían, según los gustos, tomates, pimientos, mejorana y otras hierbas aromáticas, ajo y arroz para darle consistencia. Sin embargo, Michael Cauchi prefiere reemplazar el ajo por cebollas que mejoran la textura del preparado. Antiguamente, esta sabrosa sopa de pescado se vertía en una cazuela de barro y se cocía lentamente sobre un *kenur,* horno en miniatura de piedra relleno de ascuas calientes.

Rescazas, salmonete y meros pequeños o pescados de roca son necesarios para preparar la *aljotta*: el surtido varía según la marea.

Los peces pueden ser perfectamente escalfados enteros, con cabeza y raspas. Usted separará posteriormente estas últimas y las reintroducirá en el caldo, que dejará cocer hasta que se haya reducido a la mitad. Los adornos, aportarán así, una gran cantidad de sabores en su sopa. Para mayor facilidad, puede emplear también filetes ya preparados, los cuales necesitarán una breve cocción.

Añadidos al pescado para perfumar el caldo, la zanahoria, el laurel y la cebolla (roja o de color de paja) aceptarán igualmente la compañía del apio en rama.

En la última fase del preparado, la cocción del arroz en la sopa le llevará unos 20 minutos. Habrá que tener cuidado de que el arroz no se seque y de añadir un poco de agua, si es necesario, hasta que esté bien tierno. Añada entonces los trozos de pescado y, sobre todo, degústelo muy caliente.

En una cazuela, coloque 1 zanahoria troceada, 1 cebolla picada, el laurel y los filetes de pescado. Eche pimienta. Recubra de agua y lleve a ebullición, efectúe el escalfado durante 3 ó 4 minutos.

Quite la espuma del caldo. Saque el pescado con la ayuda de una espumadera y póngalo en un plato. Guarde el caldo.

En una olla, dore 1 cebolla picada mezclada con 1 zanahoria rallada. Añada los tomates limpios y picados y mezcle enérgicamente en el fuego hasta que la salsa adquiera la textura de una compota.

Filtre el caldo de pescado. En la mezcla de las verduras, añada la albahaca, la mejorana y la menta toscamente picadas y recubra de caldo. Póngalo a hervir.

Cuando el preparado hierva, añada el arroz crudo. Eche sal y pimienta y deje cocer durante 20 minutos.

Cuando el arroz esté blando, añádale filetes de pescado toscamente desmenuzados. Rectifique el aliño y sirva inmediatamente.

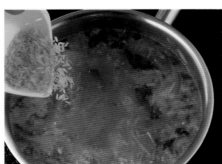

Sopa

Preparación: 40 min
Cocción: 40 min
Dificultad: ★★

4 personas

12 cangrejos de roca pequeños
1 cebolla
1 zanahoria
4 ramas de apio
4 dientes de ajo

2 cucharadas soperas de concentrado de tomate
4 ó 5 ramitas de perejil
2 vasitos de anisete maltés
10 cl (7 cuch) de aceite de oliva
2 cucharadas soperas de hojas de hinojo silvestre
sal
pimienta

La sopa *tal-grottli* forma parte del patrimonio popular de Malta. Nutritiva y sabrosa, esta sopa a base de cangrejos de roca era, hace años, la delicia de las familias más humildes. Actualmente, algunos famosos chefs malteses proponen este tipo de platos a sus clientes para hacerles descubrir la auténtica cocina tradicional de la isla. Pensemos que hace apenas diez años, ¡se tenía que frecuentar un pequeño bar o ser recibido en una familia local para poder probar estas delicias!

El esfuerzo de los chefs es ahora relegado por programas de televisión, radio y por artículos en la prensa. Esta receta toma su nombre de los *grottli,* pequeños cangrejos de roca con el caparazón muy duro, peludo y dotado de gruesas pinzas. Tienen poca carne y sirven principalmente para confeccionar sopas: siempre se cuecen enteros, aportando así ricos sabores a la sopa. Los malteses salen a capturar los crustáceos de noche, en la arena y con la ayuda de una especie de tenedor. Viven por lo general en pequeñas grutas.

Es absolutamente indispensable tamizar la sopa después de la mezcla sobre una cazuela, para eliminar todas las cáscaras de cangrejo y los residuos de verduras. Con una maza, aplaste bien todos los elementos restantes tamizándolos, para exprimir la carne y los diferentes sabores. Puede verter también la sopa en el tamiz y pasarla directamente sobre la salsa de tomate. Añadido al ajo frito, el concentrado de tomate en lata es conviente cuando los tomates frescos no están en su punto máximo de sabor. Tras regar todo con la sopa de cangrejo, añada el anisete en el último momento, de esta manera se conservará todo el sabor y no se evaporará a después de una larga cocción.

Corte las ramas de apio y trocee las hojas. Pele y corte la zanahoria y pique la cebolla.

Deposite los cangrejos en una cazuela grande, recubra con agua y añada las verduras preparadas. Eche sal y pimienta y hierva durante 30 minutos.

Pase las verduras y los cangrejos a un plato grande. Separe las pinzas (guárdelas).

de cangrejos tal-grottli

En el recipiente de su batidora, vierta progresivamente los cangrejos y las verduras. Bata poco a poco, hasta obtener una sopa de color verdoso.

Tamice la sopa de cangrejos sobre una cacerola y fíltrela cuidadosamente.

En otra cazuela, fría el ajo picado y las hojas de hinojo y añada concentrado de tomates y perejil picado. Rocíe con sopa de cangrejos y danisete. Sírvalo, decorado con aceite de oliva, perejil y llegado el caso, con patas de cangrejo.

Crema fría de trampó

Preparación: 45 min
Cocción: –
Maceración de las
verduras con almendras: 8 h
Dificultad: ★

4 personas

500 g (1 lb) de tomates de Mallorca bien
maduros
2 pimientos verdes mallorquines
2 tallos de cebollino

1 cebolla
150 g (1 taza) de almendras mallorquinas
peladas
1 cucharadita de pimentóu
20 cl (³/₄ generosos de taza) de aceite de
oliva virgen extra
5 cl (3¹/₂ cuch) de vinagre de Jerez
sal

En las Baleares, el *trampó* constituye uno de los platos campestres más apreciados. En su versión clásica, no es más que una refrescante ensalada compuesta de pimientos, tomates, cebollas y aceitunas, acompañados de aceite de oliva y de vinagre de calidad. Algunos chefs la sirven también como guarnición de pescado cocido al horno. A partir de esta conocida receta, Óscar Martínez Plaza muestra una auténtica creatividad: mezcla los ingredientes con leche de almendras. En la decoración final, pequeños dados de verduras reservadas aparecen para dar un guiño a la receta original.

En el *trampó,* nuestro chef utiliza las verduras más típicas de Mallorca. La mayor isla de las Baleares, es famosa por su producción de frutas y verduras tempranas. Gracias a las pequeñas distancias, llegan muy frescas a los mercadillos locales y bajo la gran plaza del Mercat Olivar, en Palma.

Cultivados sobre más de mil hectáreas, los tomates ocupan el primer puesto en la producción de verduras mallorquinas y son objeto de un preparado particular: gracias a un hilo pasado a través de su tallo, varios tomates son cosidos con una cuerda hasta formar un ramillete. Después se cuelgan en las paredes de las casas, dónde se secan al sol. En mallorquín, se llaman *tomàtigues de ramellet* (tomates de ramillete, en castellano).

No es de extrañar que se mezcle el *trampó* con almendras, ya que éstas crecen abundantemente en las Baleares. Maestros del archipiélago del siglo VIII al siglo XIII, los conquistadores árabes desarrollaron allí la cultura de los almendros y las higueras. Las almendras mallorquinas son bastante rústicas, no precisamente uniformes pero ricas en sabor. Mezcladas con el agua y las verduras, tendrán que estar un tiempo en remojo para hidratarse, estar jugosas y fáciles de batir. Así tendrá la garantía de obtener una sopa sabrosa y refinada.

Limpie las verduras. Pique el cebollino, péle y trocee la cebolla y los tomates. Abra los pimientos, quíteles las pepitas y córtelos toscamente (reserve ¹/₂ verdura de cada categoría par la decoración).

Mezcle todas las verduras en un bol. Añada las almendras y el pimentón (reserve algunas almendras para la decoración). Recubra de agua y deje en remojo durante 8 horas.

Una vez escurridas, viértalas en el robot de cocina y bátalas hasta obtener una crema.

con almendras

Eche sal y añada 15 cl (²/₃ de taza) de aceite de oliva y vinagre. Bata de nuevo.

Filtre la crema de verduras en un tamiz colocado encima de un bol.

Corte los medios tomates, la cebolla, el pimiento verde y el cebollino guardados en pequeños cubos. Eche sal y añada 5 cl (3¹/₂ cuch) de aceite. Vierta la crema de verduras en un plato hondo y decore con los cubitos de verduras en forma de corona y algunas almendras.

Kusksu

Preparación: 25 min
Cocción: 1 h 10 min
Dificultad: ★

4 personas

250 g (9 oz) de pastamenuda para el kusksu
250 g (9 oz) de habas frescas
100 g (3¹/₂ oz) de guisantes frescos
100 g (3¹/₂ oz) de concentrado de tomates
1 litro (4 tazas) de caldo de buey

2 cebollas medianas
3 dientes de ajo
1 hoja de laurel
50 g (3¹/₂ cuch) de mantequilla
5 cl (3¹/₂ cuch) de aceite de maíz
parmesano
sal
pimienta

Desde hace varios siglos, los malteses sirven el kusksu en época de Pascua, cuando las habas y los guisantes están verdes y muy tiernos. El nombre de esta sopa recuerda a la palabra *couscous,* pero la receta es muy diferente del célebre plato magrebí, debido a la presencia de pequeñas pastas en forma de semillas.

Los malteses aprecian particularmente los potajes en sus menús: caldos de pescado ligeros en verano o sopas espesas de verduras locales en invierno. Provistos de pequeñas explotaciones, los hortelanos de Malta cuidan con mucho amor su producción de verduras. Un amplio surtido de estas delicias recién cogidas es ofrecido por los pequeños mercaderes del pueblo y en los puestos del gran mercado de Merchants Street, en La Valette.

La pasta necesaria para esta sopa tradicional se denomina *pasta ta´kusksu.* Se trata de minúsculas bolitas de diversas formas, elaboradas en Malta por un único fabricante. Como

se utilizan esencialmente para la elaboración del *kusksu,* la mayor parte de la fabricación tiene lugar en Pascua. A imagen y semejanza de numerosos alimentos malteses, la producción de *pasta ta´kusksu* es demasiado escasa para ser exportada. En Italia, no obstante, se encuentra una variedad de pasta similar, llamada *acini di pepe* (granos de pimienta).

Observará que en esta receta nuestro chef emplea una mezcla de aceite de maíz y mantequilla para dorar el ajo y las cebollas. Al contrario que sus vecinos mediterráneos, los malteses no cocinan exclusivamente con aceite de oliva. Demasiado escasos en la isla, los olivos no permiten producir aceite con un fin comercial.

Podrá decorar su sopa con parmesano rallado o en virutas. Para enriquecer todavía más el plato, a algunos malteses les gusta añadir algunas cucharadas de *ricotta* o minúsculos quesos de cabra frescos elaborados en la isla de Gozo.

Desenvaine los guisantes y las habas. Pele y pique las cebollas y el ajo, y rehóguelo todo en una olla con una mezcla de aceite de maíz y de mantequilla durante 5 minutos.

Añada el concentrado de tomate y deje cocer durante 3 minutos. No se olvide de ir removiendo durante este tiempo.

Añada laurel y riegue la preparación con el caldo y hierva.

Cuando el caldo comience a hervir, añada las habas y los guisantes. Déjelo a fuego lento durante 30 minutos.

Al cabo de este tiempo, añada las pastitas de kusksu. Deje cocer durante 20 minutos hasta que estén tiernas y eche sal y pimienta a su gusto.

Al final de la cocción, incorpore el parmesano rallado y mezcle bien. Para servir, decore la sopa con virutas de parmesano.

Ollita de

Preparación: 35 min
Cocción: 1 h 45 min
Dificultad: ★

4 personas

1,5 kg (3 lb) de pescado para sopa (mújol, pescadilla, congrio …)
800 g (1³/₄ lb) de langostinos pequeños
400 g (14 oz) de filetes de pescado (lubina, dentón, …)
1 centollo
800 g (1³/₄ lb) de mejillones

4 dientes de ajo
100 g (3¹/₂ oz) de cebolletas frescas
¹/₂ manojo de perejil
¹/₄ de bulbo de hinojo
1 rama de hierbabuena
20 g (³/₄ oz) de concentrado de tomate
10 cl (7 cuch) de vino blanco
4 cl (2¹/₂ cuchta) de nata líquida
1 g (¹/₂ cuchta) de azafrán en polvo
6 cl (¹/₄ de taza) de aceite de oliva
sal
pimienta

Típica del litoral corso, la ollita de Bastia es una sopa tradicional de pescadores, parecida a la bullabesa marsellesa. Abundante, este plato se elabora siempre con pescados y crustáceos elegidos según el arribo. Fácil de realizar, necesita, sin embargo, un tiempo de cocción considerable.

Orientada hacia el Mediterráneo, la magnífica ciudad de Bastia ha legado a la gastronomía corsa esta especialidad marina. En Córcega, la pesca sigue siendo una actividad artesanal.

Únicamente las barcas equipadas con espineles y redes traen a puerto productos de excelente calidad: peces de San Pedro, rubio, lubina, rescaza, mújol, lija, etc. abundan en los puestos de los mercados. Sin olvidar los langostinos, capturados en garlitos y fabricados con cañas de mirto o mimbre. Según la tradición, los corsos utilizan pequeños cangrejos y peces de roca par perfumar la sopa.

Cocidos junto con aceite de oliva, ajo, cebolla, hinojo y tomates, son machacados con posterioridad.

Una vez filtrado, este caldo se convierte en un auténtico concentrado de aromas. Puede, como nuestro chef, utilizar un centollo; este cangrejo, reconocido por su caparazón espinoso, sus finas patas y sus pinzas alargadas es considerado por algunos como el más delicado de los crustáceos. Se prepara siempre en forma de caldo y se consume frío.

Sabiamente condimentada, la ollita de Bastia se realza con el sabor único del azafrán. Esta especia, la más cara del mundo, ha de ser siempre bien dosificada para que no resulte demasiado amarga.

En cuanto a la hierbabuena, contribuye con su presencia a recordar los orígenes geográficos de la sopa. Esta variedad de menta salvaje, con sabor a pimienta, es característica de la isla.

Abra los langostinos. Retire las cabezas y los caparazones. Corte el centollo. Guarde el jugo de la cabeza y desmenúcelo.

En un cazo, vierta el vino blanco con ¹/₂ cebolla cincelada. Añada los mejillones lavados y cuézalos unos minutos para que se abran. Quíteles el caparazón. Guarde el jugo de la cocción.

Lave y corte en lonchas el hinojo y el perejil así como el resto de las cebollas. Maje el ajo. En una cazuela con aceite de oliva, dore todos los ingredientes.

Bastia

Ponga el concentrado de tomate. Añada los caparazones y las cabezas de langostino, el pescado y los trozos de centollo. Redúzcalo todo aplastando con una espátula.

Vierta el jugo de cocción de los mejillones y el jugo de la cabeza de centollo en el preparado. Recubra de agua. Haga cocer entre 1 hora y una hora y media. Eche sal y pimienta. Filtre el caldo.

Espolvoree el caldo con azafrán. Deposite los mejillones, los filetes de pescado cortados y los langostinos. Haga cocer unos 2 min. Vierta la nata y la hierbabuena cincelada. Sirva la »ollita de Bastia« en los platos.

Sopita de langosta

Preparación: 45 min
Cocción: 45 min
Dificultad: ★★

4 personas

1 langosta de Menorca de 1,5 kg (3 lb)
2,5 litros (6 tazas) de caldo de pescado
1 cebolla
1 tomate
1 diente de ajo
20 cl (³/₄ generosos de taza) de brandy
20 cl (³/₄ generosos de taza) de aceite de oliva

Majado:
El coral de la langosta
2 dientes de ajo
1 ramita de perejil
1 ramita de tomillo fresco
150 g (1 taza) de almendras peladas
10 cl (7 cuch) de licor de hierbas suaves mallorquinas
2 ó 3 rebanadas de pan
aceite de freír

Tostadas:
8 rebanadas de pan seco
1 diente de ajo
50 g (3¹/₂ cuch) de manteca de cerdo roja

La pequeña isla de Menorca es famosa por su sopa de langosta. Conocida en toda la isla, esta especialidad que se denomina localmente »caldereta de langosta«, ha dotado de mucha reputación a la bahía de Cala Fornells, en la costa Norte.

Los pescadores de Menorca practican la pesca de la langosta con la ayuda de nasas depositadas en el fondo del mar. A lo largo de las costas rocosas de las Baleares, se alimentan de marisco, lo que confiere un delicado sabor a su carne. Una severa reglamentación protege, sin embargo, a éste marisco: sólo puede ser capturado entre los meses de mayo a septiembre.

Asimismo, aquéllas cuya longitud sea inferior a los 19 cm han de ser devueltas al mar. Para cortarla viva, póngala sobre una tabla y ayudándose de un trapo colocado sobre su cabeza, manténgala firmemente con una mano; con la otra, seccione el cuello con la ayuda de una hacheta. Seguidamente, vacíe en un recipiente las sustancias naranjas contenidas en la cabeza (el co-

ral), hienda igualmente de esta manera para recuperar el resto del coral. Este servirá para ligar, colorear y perfumar el majado, preparación pasada por la batidora destinada a espesar el caldo.

Generalmente, este último se realiza a base de pescados de roca (enteros o aderezos), rehogados con tomates, cebollas y ajos, regados con agua y cocidos a fuego lento. Pero también puede añadir caldo de pescado instantáneo. Este caldo cocerá después a fuego lento con aderezos de langosta.

A base de almendras, el majado, que sirve para ligar los ingredientes, está perfumado con un licor de hierbas dulces mallorquinas, digestivo anisado de un bonito color verde perfumado con plantas aromáticas: romero, mejorana, manzanilla, hinojo y menta. Los sibaritas de Menorca degustan la sopa de langosta junto con tostadas untadas con grasa de cerdo enriquecidas con *paprika* y otras especias, que le confieren un bello color anaranjado.

Fría las almendras peladas y guárdelas. Manteniendo con firmeza la langosta sobre la tabla de cortar, corte la cabeza, vacíe el coral en un recipiente y guárdelo. Sancoche la cola de langosta con agua hirviendo y quítele el caparazón.

Caliente 20 cl (³/₄ generosos de taza) de aceite de oliva en una sartén. Añada los trozos de cabeza de langosta y dórelos. Riegue con brandy. Flambee, agite la sartén y espere 2 ó 3 minutos hasta que las llamas se apaguen.

Lleve a ebullición el caldo de pescado, 1 cebolla, 1 diente de ajo y 1 tomate. Deje cocer durante 10 minutos. Viértalo todo en la sartén de langosta y hiérvalo durante 15 minutos más.

a la Menorquina

Majado: en un mortero, machaque, ajo, pe-rejil, tomillo, pan frito con aceite y cortado en cubos (guárdelo para la decoración), las al-mendras fritas guardadas anteriormente y el licor de hierbas dulces. Luego incorpore po-co a poco el coral de langosta, machacando hasta que obtenga una masa homogénea.

Sobre el fuego, añada majado en el caldo de la langosta y mezcle para ligar la salsa. Caliente unos minutos a fuego vivo.

Frote las rebanadas de pan con un diente de ajo y unte con grasa roja. Vierta el caldo en sus platos. Deposite un trozo de cabeza de langosta en el centro y la carne de la cola. Decore con cubos de pan frito y hierbas. Acompañe con las tostadas.

Sopas escalfadas

Preparación: 30 min
Cocción: 3 h 20 min
Dificultad: ★★

4 personas

Sopa:
100 g (7 cuch) de manteca de cerdo roja
1 litro (4 tazas) de fondo blanco
1 cebolla
2 dientes de ajo
1 pimiento rojo
1 pimiento verde
3 tomates de Mallorca
1 cucharada sopera de pimentón

100 g (3¹/₂ oz) de acelgas
100 g (3¹/₂ oz) de espinacas
¹/₂ col verde y manojo de perejil
100 g (3¹/₂ oz) de pan de pueblo en rebanadas

Carne:
400 g (14 oz) de tocino
1 butifarrón
1 sobrasada
500 g (2 tazas y 2 cuch) de manteca de
cerdo
3 dientes de ajo
2 ó 3 ramilletes de tomillo fresco
2 cl (4 cuchtas) de aceite de oliva

Los habitantes de las Baleares crían cerdos desde tiempos an-cestrales. Es en diciembre cuando tiene lugar la matanza, la fiesta del cerdo. Para esta ocasión, trozos »nobles« y menu-dos se saborean fritos. El resto de la carne se convierte en sal-chichas (sobrasadas) y en morcillas: butifarrón, camaiot, etc. que guarnecen deliciosos platos, como las sopas escalfadas de matanzas.

Los cerdos locales de pelo negro son criados en libertad en los bosques y olivares. Según la estación, se alimentan con bellotas, higos, algarrobas o aceitunas, y su carne goza de gran reputación. Los cerdos rosas, de razas importadas, están extendidos por el archipiélago, pero son menos apreciados.

Siendo las tierras de las Baleares propicias para el cultivo de la huerta, una amplia gama de verduras es ofrecida en los mercados. En nuestra receta, pimientos, ajos, cebollas y to-mates son puestos a rehogar en grasa de cerdo roja. Local-mente llamada manteca roja, esta sustancia se obtiene a partir

de la cocción del cerdo en caldo. La capa de grasa que sube a la superficie se retira y se le añaden especias. Es de una textu-ra parecida a la manteca pero de color anaranjado. En este plato »todo de cerdo«, la sobrasada y el butifarrón son sim-plemente pasados por la sartén. Salchicha seca de color ma-rrón-rojo, la sobrasada es generalmente cortada en rodajas y su interior puede untarse sobre el pan. También se puede co-cer, como en nuestra receta.

Lleva una mezcla de carne y grasa de cerdo picadas, *paprika*, sal, pimienta y especias. La más famosa es la sobrasada de Mallorca de cerdo negro, a base de cerdo negro. Butifarra de color gris, el butifarrón contiene corteza de tocino y cabeza de cerdo hervidas, carne, sangre y especias.

En su plato, verduras escalfadas y caldo recubrirán las tosta-das. En las Baleares, se aprecian sopas de pan artesano, que contienen rebanadas de pan de pueblo con harina de centeno.

Para la sopa: despepite los pimientos ver-de y rojo y córtelos en daditos, así como los tomates. Corte el ajo y la cebolla. Cin-cele la col, las acelgas, las espinacas y el perjil.

En la grasa roja, rehogue el ajo, los pimientos, los tomates, la cebolla y el pimentóu. Mezcle unos instantes en el fuego y añada el fondo blanco. Hierva unos 10 minutos.

Añada los trozos de col, las acelgas, las espinacas y el perejil y remueva durante 3 ó 4 minutos.

de matanzas

Con la ayuda de una espumadera, quite las verduras escalfadas del caldo y colóquelas sobre un plato. Retire al caldo del fuego.

Para la carne: deposite la manteca troceada en una fuente. Añada el tocino, los medios dientes de ajo sin pelar y el tomillo. Cubra con papel sulfurizado y confítelo en el horno de 2 horas y media a 3 horas a 120 °C (250 °F).

Corte la sobrasada y el butifarrón en trozos, y páselos por una sartén con un poco de aceite. En un plato hondo, coloque las tostadas y recúbralas de verduras. Rodee con butifarrón y sobrasada pasados por la sartén y con tocino confitado, y cúbralo todo con el caldo.

Sopa al

Preparación: 30 min
Cocción: 1 h 55 min
Dificultad: ★

4 personas

800 g (1³/₄ lb) de muslo de cabra
1 zanahoria
¹/₂ calabacín
1 ramillete de apio
1 ramillete de tomillo
1 hoja de laurel

300 g (11 oz) de tomates
8 cl (¹/₃ de taza) de aceite de oliva
80 g (3 oz) de xinochondro
¹/₂ limón
20 g (1¹/₂ cuch) de yogur
4 hojas de menta
sal
pimienta

La sopa de *xinochondro* adornada con muslo de cabra, se prepara en numerosos pueblos de Creta. Durante siglos, ovinos y caprinos constituyeron las carnes favoritas de los cretenses. Al tener, la cabra local, el privilegio de poder brincar libremente en las altas praderas ricas en plantas aromáticas, su carne resulta muy sabrosa, sana y poco grasienta.

Cuando el muslo de cabra se cuece, es necesario quitar la espuma con regularidad; para ello, disponga un bol lleno de agua fría cerca de la cazuela. Cada vez que quite la espuma, bañe la espumadera en el agua fresca para limpiarla y depositar la espuma. Si la carne es de calidad, la espuma será muy blanca y no de un marrón sospechoso.

En su defecto, la receta también puede realizarse con cerdo, pero obtendrá entonces un plato más grasiento. Al ser esta sopa de *xinochondro* lo suficientemente consistente, algunos la cuecen también a fuego lento sin carne. El *xinochondro* aportará su sabor agridulce al preparado.

Como los cretenses, lo puede realizar de la siguiente manera: deposite 1,5 litros (6 tazas) de leche de oveja ó cabra a temperatura ambiente durante 3 ó 4 días hasta que cuaje. Después, hiérvala con 500 g (1 lb) de trigo machacado y sal. Cuando la preparación esté espesa y bien ligada, déjela enfriar y córtela con la ayuda de una cuchara. Finalmente, déjela secar al sol o al horno a baja temperatura.

Generalmente elaborado al final del mes de agosto, el *xinochondro* puede ser consumido enseguida o conservado durante varios meses. Forme pequeños montoncitos y desmenúcelos fácilmente antes de incorporarlos a su sopa. En los pueblos cretenses, se presenta la sopa por un lado, y la carne cortada en grandes trozos por otra. Preocupados por una presentación más refinada, la hemos cortado en pequeños cubos y mezclado con la sopa.

No olvide quitar la grasa y los nervios del muslo de cabra y cortar la carne en dados.

Retire la grasa y los nervios del muslo de cabra. Corte la carne en dados.

Raspe la zanahoria. Ate conjuntamente un ramillete de apio, calabacín y zanahoria con tomillo y laurel. Corte el resto de las verduras en pequeños dados y guárdelos.

Ponga la carne de cabra en una olla con agua. Hierva, quite la espuma y añada las verduras y condimentos atados. Deje cocer durante 1 hora y 40 minutos.

Xinochondro

Pasado este tiempo, quite la carne de la olla. Añada en su lugar el xinochondro desmigajado.

Riegue con un abundante chorro de aceite de oliva, el zumo de $1/2$ limón y tomates triturados. Eche sal y pimienta.

Añada las verduras que había guardado anteriormente y cueza de nuevo durante 15 minutos. Disponga carne y verduras en un plato hondo poniendo en el centro una cuchara de yogur con los ingredientes y una hoja de menta fresca.

Sopa de trigo

Preparación:	*40 min*
Cocción:	*1 h 45 min*
Remojo del trigo:	*72 h*
Remojo de los garbanzos	
y las judías blancas:	*12 h*
Dificultad:	★

4 personas

200 g (1 taza) de trigo entero
50 g (1³/₄ oz) de zanahorias
25 g (1 oz) de apio
1 cebolla
2 dientes de ajo

700 g (1¹/₂ lb) de hierbas silvestres
(achicoria, acelgas, estragón, …)
50 g (¹/₄ de taza) de garbanzos
50 g (¹/₄ de taza) de judías blancas secas
2 cucharadas soperas de aceite de oliva
sal

Ramillete aromático:
1 ramita de tomillo
1 ramita de romero
2 hojas de mejorana
1 hoja de laurel

Acompañamiento:
pan tostado con ajo

Situada bajo la protección de Santa Lucía, la magnífica ciudad de Siracusa celebra cada año la memoria de esta santa. Según cuenta la leyenda, sobre el año 600 la ciudad sufrió una gran escasez y los habitantes imploraron entonces a Santa Lucía para ser salvados. Ésta logró el milagro de conseguir que el trigo llegara en barcos. Hambrienta, la población se apoderó del producto todavía mojado por el agua de mar y confeccionó una sopa enriqueciéndola con hierbas silvestres.

Popularísima en Siracusa, esta especialidad muy consistente se degusta principalmente en invierno. Venerado en Sicilia desde la Antigüedad, el trigo es un cereal de la familia de las gramíneas cuyos granos sirven para la fabricación de la harina y la sémola. Cultivado desde tiempos remotos, era ya utilizado por los egipcios y los griegos. Los romanos decidieron hacer de Sicilia el »granero de trigo« del Imperio y establecieron en la isla importantes transformaciones agrarias.

A raíz de esta época, algunos pequeños pueblos conmemoran aún a Ceres, diosa de la tierra cultivada.

Para este plato, es imperativo poner el trigo en remojo durante 72 horas. Esta operación permite que el grano se hinche lo que facilita su cocción. De gran simpleza, la sopa Santa Lucía reivindica los orígenes del terruño. Muy nutritivos, los garbanzos y las judías han sido añadidos a través del tiempo a la receta original.

Por el contrario, las hierbas silvestres, muy apreciadas por los insulares, fueron utilizadas desde el principio. Usted puede, como nuestro chef, sustituirlas por tiernos brotes de acelgas y espinacas, por achicoria o por estragón. Muy aromática, esta planta, originaria de Asia central, encierra en su composición un sabor ligeramente anisado y picante.

En un recipiente lleno de agua, ponga en remojo el trigo durante 72 horas. Ponga en remojo por separado los garbanzos y las judías durante 12 horas y cueza por separado el trigo (1 hora), los garbanzos (1 hora) y las judías (1 hora y media).

Lave las hierbas silvestres. Corte la achicoria, lo verde de las acelgas y el estragón y sancóchelo en agua salada durante 3 minutos. Escurra. Córtelos nuevamente y guarde el jugo de la cocción.

Fría el ajo majado y la cebolla picada. Deposite el apio y las zanahorias cortadas en dados muy pequeños y cueza durante 5 minutos.

de Santa Lucía

Vierta el trigo cocido. Añada las hierbas silvestres. Cueza durante 5 minutos y traspase el preparado a una olla.

Vierta en una olla el jugo de cocción de las hierbas silvestres y hiérvalo durante 10 minutos.

Deposite en la olla los garbanzos y las judías blancas. Añada el manojo aromático y manténgalo al fuego durante 15 minutos. Eche sal. Disponga la sopa acompañada de pan tostado con ajo.

Sopa de

Preparación: 45 min
Cocción: 1 h 40 min
Dificultad: ★

4 personas

200 g (7 oz) de panzetta (pecho de cerdo)
300 g (11 oz) de patatas
1 puerro
300 g (11 oz) de cebolletas frescas
200 g (7 oz) de hojas de acelgas
1 kg (2 lb) de habas frescas

200 g (7 oz) de zanahorias tiernas
100 g (3½ oz) de nattarebulu (diente de
león)
3 dientes de ajo
5 cl (3½ cuch) de aceite de oliva
sal
pimienta molida

Decoración (opcional) :
menta fresca
hojitas de hinojo

Característica de la gastronomía corsa, la sopa de mi pueblo es un plato que recuerda al terruño. Al ceder el papel protagonista a las verduras, este plato familiar varía en función de las regiones y de las estaciones del año. Originario de Ortiporiu, situado en el corazón de la Castagniccia, nuestro chef le propone descubrir la sopa de sus antepasados. Pueblo de pescadores, pastores y campesinos, los corsos demuestran un verdadero amor por su tierra .

En esta bella isla, las hierbas y plantas silvestres crecen en abundancia. Desde tiempos ancestrales, los habitantes recolectan, ajos frescos, cebolletas, puerros o *nattarebulu* (diente de león) y *frisgiulla* (borraja), de sabor cercano al de la acedera, que imprimen carácter a las sopas.

Bastante consistente, este condimento se engalana de sabores primaverales. Las habas, muy apreciadas por los mediterráneos por su delicadeza, se cultivan en los jardines del interior.

Extremadamente nutrientes, pertenecen a la familia de los guisantes, por los que las puede reemplazar. Originarias de Oriente, las habas se consumen también en ensalada o en puré. Cuando están tiernas, no es necesario quitar la fina piel que las envuelve. Elíjalas de tamaño pequeño, firmes, con las vainas bien verdes y sin manchas.

Rebosantes de vitaminas, en esta sopa destacan también las zanahorias, los puerros y las patatas. Cortadas en daditos, estas verduras afirman su textura y se alían perfectamente con las hojas de acelgas. Muy tónicas, estas últimas, ricas en potasio y magnesio, aportan su toque de frescor. Según sus gustos, también puede utilizar espinacas.

Este delicioso plato tradicional se elabora siempre con un trozo de tocino, pecho ahumado, *panzetta, buletta, carré* de cerdo, o incluso con hueso de jamón. En algunos pueblos de Córcega, se enriquece con pasta, arroz o rebanadas de pan tostado.

Desvaine la habas. Corte las zanahorias y las patatas en cubos. Cincele el puerro, las hojas de acelga, las cebolletas y el diente de león.

Con la ayuda de un cuchillo, retire la corteza de la panzetta y resérvela. Corte el pecho de cerdo en pequeños dados.

En una olla, caliente el aceite de oliva. Deposite los trozos de panzetta. Haga fundir sin coloración y añada las cebolletas cinceladas.

mi pueblo

Añada el puerro cincelado en el preparado y hágalo »sudar« unos minutos.

Recubra de agua la preparación. Añada la corteza de la panzetta. Llévelo a ebullición y deposite el ajo aplastado.

Añada todas las verduras. Eche sal y pimienta y déjelo a fuego lento durante más o menos 1 hora y media. Retire la corteza y disponga la sopa en los platos.

Sopa

Preparación: 40 min
Cocción: 1 h 40 min
Remojo de las
judías secas: 12 h
Dificultad: ★

4 personas

200 g (7 oz) de judías verdes (coco rosas y
coco rojas)
1 puerro
1 rama de apio

300 g (11 oz) de patatas
3 zanahorias
¼ de col verde
1 cebolla
3 dientes de ajo
½ manojo de perejil
1 cucharada sopera de tomate triturado
1 hueso de jamón del país
150 g (5½ oz) de tagliatelles frescos
2 cl (4cuchtas) de aceite de oliva
sal
pimienta

En cada hogar corso, la sopa que se prepara con las verduras de la huerta varía en función de las estaciones. Extremadamente popular, este plato se saborea esencialmente por la noche. Sencilla y rústica, la sopa de Córcega ilustra maravillosamente el carácter familiar de esta cocina insular.

En los pueblecitos del interior, la sopa ha sido durante mucho tiempo considerada como un auténtico plato. Durante siglos, los habitantes se han contentado únicamente con los productos del terruño. Entonces han acondicionado pequeños jardines, escalonados en la montaña, próximos a un manantial y protegidos por pequeños muros de piedras empiladas.

Cultivados aún de manera artesanal, sin añadir abonos, las verduras de la huerta revelan sabores incomparables. Patatas, apio, zanahorias, col verde, cebollas, puerros,etc. se encuentran de manera natural en la sopa. El hueso de jamón que se añade, bastante salado, ofrece a este preparado toda su fuerza y carácter.

Fácil de realizar, la sopa necesita un tiempo importante de cocción a fin de permitir que las judías secas se impregnen del sabor de los otros ingredientes. Muy apreciadas por los mediterráneos, estas leguminosas, ricas en vitaminas, hicieron su aparición en Europa en el siglo XVI. Existen numerosas variedades. Le sugerimos que utilice las *borlotto*, bastante grandes, moteadas de rojo y particularmente aromáticas. No se olvide de ponerlas en remojo durante 12 horas.

Delicioso, este plato permite, en función del humor de cada uno, variar los productos o las texturas. Nuestro chef ha querido, por su parte, enriquecerlo con *tagliatelles* frescos. Otros prefieren batir las verduras antes de saborearlas. ¡No importa! En la tradición corsa, la sopa es una herencia familiar...

El día anterior, deposite las judías secas en un recipiente lleno de agua. Deje 12 horas en remojo. Escúrralas y hiérvala durante unos 40 minutos.

Corte las verduras, el apio, el puerro, las zanahorias y las patatas, en rodajas. Corte también, la cebolla y la col verde.

En una olla, caliente 4 litros (1 galón) de agua con una pizca de sal y pimienta. Deposite todas las verduras y el hueso de jamón. Cuando hierva, cuézalo durante 1 hora aproximadamente.

de Córcega

Rehogue en aceite de oliva el ajo y el perejil picados. Añada el concentrado de tomates. Mezcle con una espátula de madera. Vierta el preparado en la sopa.

Bata la mitad de las judías. Traspase el puré a la sopa. Añada el resto de las judías enteras y cueza durante unos 30 minutos.

Retire el hueso del jamón. Deposite los tagliatelle en la sopa durante 10 minutos. Rectifique el aliño y aderece la sopa de Córcega en los platos.

Sopa de sémola

Preparación: 15 min
Cocción: 20 min
Dificultad: ★

4 personas

1 kg (2 lb) de almejas medianas
300 g (11 oz) de tomates secos
200 g (7 oz) de fregola (sémola)
2 dientes de ajo
¹/₂ manojo de perejil
1 pimiento seco

2 cucharadas soperas de aceite de oliva
sal
pimienta (opcional)

Magnificando los sabores del litoral, la sopa de sémola con almejas es una sopa típicamente de Cerdeña. De gran delicadeza, este preparado se puede degustar en cualquier época del año.

En Cerdeña, la palabra *fregola* designa una variedad de sémola que se utiliza para la elaboración de las sopas. Compuesta de sémola de trigo duro y agua, estos minúsculos granos son todavía, hoy en día, preparados artesanalmente. Cuidadosamente enrolladas con los dedos, estas pequeñas bolas se ponen después a secar al sol. También puede realizar esta receta con *boulgour,* granos de trigo triturados, o incluso con arroz.

Aunque la cocina sarda tiene sus raíces en la tradición pastoril, no hay que olvidar por ello las especialidades marinas. Con no menos de 1340 km, las costas, famosas por su extraordinaria belleza, rebosan de pescado, crustáceos y mariscos, de los cuales destacan, las célebres langostas pescadas en Alghero.

Al destacar en esta sopa, las almejas desvelan su carne magra, sabrosa y delicadamente perfumada.

Estos moluscos son reconocibles gracias a su fina concha, abombada en el centro y de color amarillo claro a gris oscuro. Antes de cocerlas, no se olvide de purgarlas en un recipiente lleno de agua. Esta operación permite quitarles la arena. Se pueden degustar también solas, con un chorrito de limón. En función de la cantidad, puede reemplazarlas por mejillones o berberechos.

Muy simple, esta comida de pescadores se engalana con el perfume del perejil. Esta planta aromática, muy empleada en la gastronomía insular, está disponible durante todo el año. Si desea dar más cuerpo a la sopa de sémola con almejas, Amerigo Murgia le sugiere añadir un poco de caldo de ave o de ternera.

Lave y cincele el perejil. Pele y pique los dientes de ajo. Corte el pimiento y los tomates secos en tiras muy finas.

Purgue las almejas y deposítelas en una olla con un poco de agua. Cuézalas unos 5 minutos para que se abran. Filtre el jugo de la cocción.

Caliente el aceite de oliva. Deposite el ajo y el perejil. Mezcle. Añada las tiras de tomate y de pimiento. Recubra con agua. Eche sal.

con almejas

Vierta la fregola en el preparado de tomates y pimientos, y mézclelo cuidadosamente.

Vierta el agua de cocción filtrada de las almejas y remueva.

Deposite las almejas en la sopa y cueza durante 8 minutos. Aderece la sopa de sémola con almejas.

Platos
vegetarianos

Buglidicce

Preparación: 25 min
Reposo de la
pasta de buñuelos: 1 h
Cocción: 15 min
Dificultad: ★

4 personas

1 lechuga
1 cucharada sopera de vinagre balsámico
3 cucharadas soperas de aceite de oliva
50 cl (2 tazas) de aceite vegetal para freír

sal
pimienta

Pasta de buñuelos:
400 g (2²/₃ tazas) de harina
2 huevos
40 cl (1²/₃ tazas) de leche
1 queso fresco de oveja o de cabra
¹/₂ bolsita de levadura química
sal

La tradición pastoril ha legado a la cocina corsa numerosos aliños. En esta magnífica tierra de pastores, rodeada por las aguas cristalinas del Mediterráneo, el queso de cabra o de oveja es un producto altamente respetado, con el mismo título que los embutidos y las castañas.

De sabor muy característico, los *buglidicce* son deliciosos buñuelos de queso fresco salado. Confeccionada en su orígen por los pastores, esta especialidad se saborea, hoy en día ,como entrante caliente. Muy fácil de hacer, este plato, amenizado con una ensalada verde, es ideal para degustarlo durante la primavera.

Lejos de la agitación del litoral, las altas tierras del Niolo ofrecen la cara de la Córcega ancestral. Sembrados de majadas, estos paisajes montañosos, situados por encima de los 1.000 metros de altitud, han dado forma al alma de este pueblo mediterráneo. Durante siglos, los habitantes de esta re-gión han vivido casi en autarquía, con un único recurso, la ganadería. Estrechamente ligado a su rebaño, el pastor es, ante todo, un quesero. Fabricados aún artesanalmente a partir de leche de oveja o de cabra, los quesos corsos se distinguen por su sabor excepcional.

Tras el ordeño, se vierte la leche en un recipiente filtrándola a través de una tela. Se añade después cuajo, obtenido a partir del estómago de cabrito seco. Al día siguiente, se le da la vuelta al queso y dos días después se sala. Hay que esperar un día más para salarlo de nuevo.

Exquisito, este queso fresco se encuentra de manera natural en la pasta de los *buglidicce*. De gran simpleza, este plato de pastor es un bonito retorno a los orígenes.

Para la pasta, deposite en un recipiente la harina, la levadura, una pizca de sal y los huevos y mezcle.

Vierta la leche y vuelva a mezclar con la ayuda de un batidor hasta la obtención de una pasta.

Desmigaje el queso fresco de oveja o de cabra con los dedos.

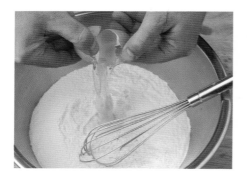

del pastor

Incorpore el queso desmigajado a la pasta. Mezcle delicadamente con la ayuda de una espátula de madera. Deje reposar durante 1 hora.

Limpie la lechuga y seleccione las mejores hojas. Prepare el aliño depositando en un recipiente la sal y la pimienta. Vierta el vinagre balsámico. Mezcle y añada el aceite de oliva. Diluya con un tenedor.

Ponga a calentar el aceite vegetal. Dé forma a los buñuelos con la ayuda de 2 cucharas soperas. Sumérjalos en el aceite y posteriormente enjuáguelos en papel absorbente. En el plato, disponga las hojas de lechuga y los buñuelos con el aliño.

Cannelloni

Preparación: 1 h
Cocción: 40 min
Dificultad: ★

4 personas

Relleno:
500 g (1 lb) de hojas de espinacas
500 g (1 lb) de ricotta
1 cucharilla de café de nuez moscada en polvo
5 cl (3½ cuch) de brandy
100 g (3½ oz) de pecorino rallado
1 diente de ajo
1 huevo
1 cucharada sopera de aceite de oliva
sal, pimienta

Pasta:
50 cl (2 tazas) de leche
250 g (1⅔ tazas) de harina
3 huevos
sal, pimienta

Salsa de tomates:
500 g (1 lb) de tomates
½ cebolla
1 diente de ajo
1 manojo de albahaca
3 cl (2 cuch) de aceite de oliva
sal, pimienta

Bechamel:
150 g (⅔ de taza) de mantequilla
50 cl (3½ cuch) de leche
50 g (⅓ de taza) de harina
1 cucharilla de café de nuez moscada en polvo
sal, pimienta

Decoración:
perejil picado

Exiliada en la punta de la bota italiana, Sicilia es una magnífica tierra de contrastes. La tradición pastoril, fuertemente anclada en las mentalidades, ha legado su carácter rústico a la cocina insular. Extremadamente populares, los *cannelloni* del pastor *(alla pecoraia)* son un bello homenaje a los productos de la tierra. Este tipo de crepes vegetarianas, rellenas de una crema de quesos y espinacas, reemplazan perfectamente a la pasta.

Muy consistentes, los *Cannelloni* del pastor, se pueden saborear como entremés caliente o como plato principal. De una gran simpleza, esta especialidad del interior revela sabores inigualables. Fácil de realizar, la masa de las crepes ha de estar muy lisa antes de ser utilizada.

En el untuoso relleno es la *ricotta* la que está en primer término. Este queso fresco, fabricado a partir de suero de cabra u oveja, guarda la forma del recipiente en el que es moldeado.

Suave y cremoso, completa admirablemente las ensaladas mixtas, las salsas, la pasta, etc. Ingrediente básico de la gastronomía siciliana, es objeto de un dicho: para rendir homenaje a una persona esperada, los insulares afirman que llega en el momento perfecto, ¡igual que la *ricotta* en la pasta! Antaño, los pastores protegían este queso en un estuche de juncos y lo ofrecían en las calles de los pueblos. Hoy en día se puede encontrar durante todo el año.

Originarias de Persia, las espinacas, abundan en los mercados en primavera y en otoño. A fin de suprimir todo resto de amargor, nuestro chef las hace sancochar junto con un diente de ajo y un chorro de aceite de oliva.

Elija hojas bien formadas, enteras y sin manchas. Lávelas con agua del grifo sin remojarlas. Según la disponibilidad del mercado, puede reemplazarlas por tiernos brotes de acelgas.

Para la masa, vierta la leche en un recipiente. Tire los huevos. Eche sal y pimienta, y remueva. Vaya añadiendo harina, a la vez que se va diluyendo con ayuda de un batidor, hasta la obtención de una masa líquida.

Vierta un poco de aceite de oliva en una sartén. Con ayuda de un cucharón, deposite la masa y confeccione las crepes.

Para el relleno, deposite las espinacas limpias en un recipiente con 1 cucharada sopera de aceite, 1 diente de ajo y 2 vasos de agua. Hágalas sancochar. Píquelas y mézclelas con ricotta y pecorino, brandy, nuez moscada, sal, pimienta y yema de huevo.

del pastor

Para la salsa de tomate, rehogue en el aceite de oliva la cebolla y el ajo picados. Vierta los tomates triturados. Eche sal y pimienta. Deposite la albahaca cincelada. Haga cocer a fuego lento entre 15 y 20 minutos.

Para la bechamel, caliente la leche junto con la mantequilla. Eche sal y pimienta. Cuando hierva, vierta la harina diluida en agua. Mezcle y añada la nuez moscada.

Rellene las crepes con el relleno y enróllelas. Cubra el plato con salsa de tomate y con bechamel. Deposite los cannelloni. Recubra de salsa de tomate y de bechamel. Espolvoree con pecorino. Haga cocer al horno durante 10 minutos a 180 °C (355 °F). Aderece los cannelloni. Decore con perejil picado.

Crepes soufflées

Preparación: 1 h
Refrigeración de la masa: 1 h
Cocción: 30 min
Dificultad: ★

4 personas

600 g (1¼ lb) de brocciu (queso corso)
½ manojo de perejil
18 hojas de menta
4 huevos
1 trozo de tocino o 10 cl (7 cuch) de aceite
de oliva
sal
pimienta de molinillo

Masa:
250 g (1⅔ de taza) de harina
5 huevos

50 cl (2 tazas) de cerveza pietra
5 cl (3½ cuch) de aceite de oliva
sal

Salsa de tomate:
500 g (1 lb) de tomates
1 cebolla
4 hojas de albahaca
1 rama de népita (menta silvestre)
2 dientes de ajo
3 cl (2 cuch) de aceite de oliva
sal, pimienta

Decoración :
hojas de menta

Revelando sabores típicamente corsos, las Crepes *soufflées* al *brocciu* y acompañadas de una salsa de tomate, se saborean como entremés caliente. Nuestro chef ha querido, a través de esta receta, revisar los célebres *nicci,* unas tortas tradicionales a base de harina de castaña y cocidas entre dos chapas. Muy agradecido, este plato puede degustarse en cualquier época del año.

Embajador de la asociación culinaria *Cuchina Corsa* (Cocina Corsa), Vincent Tabarini no cesa de ponderar los productos de su tierra. Para conseguir unas crepes blandas, confeccione la masa con cerveza pietra. Fabricada desde hace unos 10 años en Furiani, se caracteriza por la presencia de gramíneas de castañas. Su amargor en la boca es totalmente excepcional, puede reemplazar perfectamente a una cerveza negra.

Deliciosamente guarnecido de *brocciu,* las crepes *soufflées* resultan muy consistentes. Este queso, fabricado desde hace generaciones en la isla, resulta especialmente suave. Puede también utilizar *ricotta* o incluso requesón del Ardèche.

En el momento de enhornar las crepes, le aconsejamos que deposite en el plato un papel sulfurizado impregnado previamente de aceite. Esta astucia permitirá retirarlas fácilmente antes de presentarlas en el plato.

Muy utilizada en la cocina corsa, la salsa se prepara habitualmente en grandes cantidades cuando termina el verano. Cortados en trozos, los tomates son depositados en una cubeta de madera que lleva un orificio cerrado por un corcho. Al fermentar así de manera natural, dejan escapar un líquido extremadamente ácido que dejan fluir poco a poco. Esta operación permite recoger la pulpa y las pepitas que son después escurridas en un saco de tela. Salado, el puré de tomate es expuesto al sol sobre una tabla de madera. Cuando se oscurece, se pone en tarros de cristal y se recubre de una fina capa de aceite de oliva.

Para la masa, disponga la harina, el aceite de oliva y los huevos en un recipiente. Añada una pizca de sal y mézclelo todo con la ayuda de una espátula de madera.

Para la preparación de la masa, vierta poco a poco la cerveza pietra. A la vez que va removiendo, suavícela con un batidor.

Filtre la masa con un colador y déjela 1 hora en la nevera. Prepare la salsa rehogando en el aceite de oliva, la albahaca, el ajo, la cebolla y la népita cinceladas. Vierta los dados de tomate. Eche sal y pimienta y hágalo cocer 30 minutos. Pasado este tiempo, bátalo todo.

al brocciu

Deposite en un recipiente el brocciu y las yemas de huevo. Eche sal y pimienta. Mezcle. Añada el perejil y la menta cincelados. Bata las claras de huevo a punto de nieve con una pizca de sal e incorpórelos en el relleno.

Engrase la sartén con tocino. Vierta la masa con ayuda de un cucharón. Haga cocer la crepe por los dos lados. Precalentar el horno a 180 °C (355 °F) durante 15 minutos.

Deposite sobre cada crepe 1 cucharada sopera de relleno. Doble las crepes en forma de empanadilla y dispóngalas en una fuente. Introdúzcalas en el horno, a 180 °C (355 °F), entre 8 y 10 minutos. Prepare las crepes con la salsa de tomate y decórelas con hojas de menta.

Culurgionis

Preparación: 1 h
*Reposo de la pasta
de los culurgionis:*   30 min
Cocción: 35 min
Dificultad: ★★

4 personas

20 g (³/₄ oz) de pecorino rallado

Masa de los culurgionis:
500 g (3¹/₃ tazas) de harina
1 huevo
¹/₂ cucharilla de café de azafrán en polvo
sal

Relleno:
300 g (11 oz) de casa aceddu (queso de
oveja salado)
100 g (3¹/₂ oz) de pecorino rallado (queso)
600 g (1¹/₄ lb) de patatas

1 manojo de menta fresca
4 dientes de ajo
1 cebolla
3 cucharadas soperas de aceite de oliva

Salsa de tomate:
1 kg (2 lb) de tomates
1 zanahoria
1 rama de apio
1 diente de ajo
1 cebolla
1 hoja de laurel
3 hojas de albahaca
3 cucharadas soperas de aceite de oliva
sal, pimienta

Decoración:
albahaca

Suculentos, los *culurgionis* son raviolis típicamente sardos. Extremadamente popular, esta especialidad muy copiosa hace honor a los productos de la tierra. Al requerir mucha paciencia y destreza, la confección de esta pasta ilustra con brío el buen hacer de las cocineras de la isla.

Llamados también *culurzones,* los *culurgionis* se reconocen por su forma característica de pequeña empanadilla. Sin embargo, el relleno tradicionalmente vegetariano varía según las familias. Nuestro chef, por su parte, ha querido darles a conocer, la más clásica; compuesta por quesos, patatas, menta, ajo, cebolla y aceite de oliva.

Ingrediente base de la cocina sarda, el *pecorino* fabricado localmente, es famoso por su excepcional sabor. Tierra de ganadería desde hace miles de años, ¡esta isla mediterránea tiene más ovejas que habitantes! Se estima que un tercio de la

riqueza ganadera italiana está actualmente agrupada en este territorio, procurando así a los habitantes su principal fuente de ingresos y excelentes quesos.

Muy característico, el relleno es realzado igualmente por el potente sabor del *casu aceddu.* Muy apreciado en la región de la Ogliastra, este queso, cercano al azul, se consume los primeros días tras su fabricación igual que un yogur. Antaño, los pastores lo untaban sobre patatas cocidas a la brasa. Únicamente a través del tiempo y tras haber sido salado, el *casu aceddu* desvela su carácter. Así confeccionado, ¡puede conservarse durante un año!

Ofreciendo al paladar un maravilloso concentrado de sabores, los *culurgionis* se iluminan gracias, sobre todo, a la presencia del ajo, la menta y, por supuesto, de la ineludible salsa de tomate.

Para la pasta, vierta en un recipiente la harina y añada el huevo y el azafrán en polvo, a su vez vierta el agua salada. Trabaje la mezcla hasta que obtenga una masa elástica. Deje reposar durante 30 minutos.

Para el relleno, rehogue la cebolla picada en 2 cucharadas soperas de aceite de oliva. Deposite el ajo majado. Fuera del fuego, añada la menta picada y mézclelo. Haga cocer las patatas unos 20 minutos. Pélelas y macháquelas con un pasapuré. Añada el pecorino y el casu aceddu.

Añada la preparación de la cebolla que había apartado anteriormente. Mezcle con los dedos y vierta un chorrito de aceite de oliva.

Dé forma de morcilla a la masa. Corte en grandes cuadrados y extiéndalo con ayuda de un rodillo. Con la ayuda de un molde circular, vaya recortando la masa en forma de círculos.

Forme bolas de relleno con los dedos y colóquelas sobre cada círculo de masa. Por otra parte, prepare la salsa de tomate dejando cocer durante 30 minutos todas las verduras cortadas en pequeños dados y los otros ingredientes. Pase por la batidora.

Doble sobre sí mismo el círculo de masa en media luna. Presione ligeramente la extremidad pellizcando la masa como un abanico. Sumerja los culurgionis en agua hirviendo durante 4 minutos. Emplátelos con la salsa de tomate y el pecorino rallado. Decórelos con la albahaca picada.

Dakos

Preparación: 35 min
Reposo de la masa: 15 min
Inflado de la masa en el horno: 15 min
Cocción: 1 h
Dificultad: ★

4 personas

1 kg (6²/₃ tazas) de harina de trigo
160 g (1¹/₄ tazas rasas) de harina de trigo integral
160 g (1¹/₄ tazas rasas) de harina de cebada

15 g (¹/₂ oz) de levadura de tahona
1 cucharadita de sal
4 tomates medianos
15 cl (²/₃ de taza) de aceite de oliva virgen
150 g (5¹/₂ oz) de feta
orégano seco

El pan y todos sus derivados siempre han tenido una importancia extrema para los cretenses. En la isla se dice: »Los alimentos son los hijos del estómago y el pan es el elemento principal«. Ya en la época antigua, los griegos empleaban diferentes harinas para prepararlos: la composición de la masa, la forma y el tipo de cocción ofrecían innumerables variantes.

El *pan toast* llamado según las recetas *dakos* o *paximadi,* ya era conocido en Creta en la Edad Media. Estos panes en forma de anillo se cuecen, se cortan y se desecan detenidamente en el horno a baja temperatura.

Antiguamente, en Creta, los campesinos no preparaban su pan toast más que dos veces al año: la doble cocción, que lo volvía bien seco, permitía conservarlo durante varios meses. Para preparar un piscolabis, le añadían tomates y queso *(feta o xinomyzithra).* Ligero y muy sano, hoy en día este plato se está volviendo a poner de moda.

Trigo integral, trigo ordinario o cebada se mezclan para constituir una masa original. En Creta, todo tipo de cereales son cultivados en terrazas desde la época minoana. En los pueblos, algunas familias poseen todavía un pequeño molino manual de piedra para triturarlos en casa.

La harina obtenida, que contiene todavía partículas de salvado, da entonces a los *dakos* una apariencia bastante oscura. Madurada durante por lo menos un año, ofrecerá a sus *dakos* sus más deliciosos aromas.

En un molde, mezcle las harinas y un poco de levadura desmigajada. Forme un pozo y vierta en el centro 20 cl (³/₄ generosos de taza) de agua tibia. Añada la sal y el resto de la levadura.

Amase la mezcla con los dedos hasta obtener una masa dura, a la que dará forma de bola. Déjela reposar unos 15 minutos a temperatura ambiente.

Separe la pasta en grandes bolas de unos 300 g (11 oz). Con cada bola, forme un anillo y deposítelos sobre una fuente untada de aceite. Póngalos 15 minutos al horno muy suave para que la masa se infle, y luego hágalos cocer 20 minutos a 200 °C (390 °F).

Corte cada panecillo horizontalmente, en dos porciones iguales. Vuelva a pasarlos por el horno durante unos 40 minutos para secarlos.

Disponga los panes en un plato y cúbralos generosamente con aceite.

Pase los tomates por la batidora y con la ayuda de una cuchara, recubra cada pan con puré de tomates. Esparza feta desmigajada y orégano, y sírvalos fríos.

Gnocchetti

Preparación: 25 min
Cocción: 10 min
Dificultad: ★

4 personas

200 g (7 oz) de queso rallado de oveja
500 g (1 lb) de malloreddus (pasta)
200 g (7 oz) de berenjenas
1 pimiento rojo
1 pimiento verde
1 pimiento amarillo

2 cebollas
5 hojas de albahaca
5 cucharadas soperas de aceite de oliva
sal
pimienta

Decoración:
hojas de albahaca

Rústica y auténtica, la cocina sarda es, ante todo, generosa. En esta magnífica isla del Mediterráneo, la pasta ocupa un lugar tan importante como el pan. Auténtica especialidad nacional, los *malloreddus,* llamados *gnocchetti* desde la antigüedad, reflejan la riqueza de esta gastronomía milenaria.

Esta preparación vegetariana se saborea también al día siguiente como entremés frío. Lengua derivada del latín, el sardo es considerado por los lingüistas como una lengua romana y no como un dialecto del italiano. Los *malloreddus,* que significa literalmente »pequeñas terneras«, ¡deben su nombre a su forma de cuerno alargado!

Fabricado todavía hoy en día de forma artesanal, la masa que se compone de harina de trigo duro, agua tibia y sal está a veces enriquecida con azafrán, alcachofas o tomates. Amasada con detenimiento, es dividida en porciones regulares y rodada muy finamente.

Realzando una maestría ancestral, la elaboración de los *malloreddus* consiste después en darles el aspecto acanalado que los caracteriza. Disponibles en las tiendas de comestibles especializadas, estos *gnocchetti* sardos pueden ser, eventualmente, reemplazados por *penne.*

Rindiendo un bello homenaje a las verduras de la huerta, este plato es un maravilloso concentrado de los sabores del sur. Los pimientos rojos, amarillos y verdes iluminan con su color resplandeciente este aderezo de la tierra. Las berenjenas, que crecen abundantemente en las tierras fértiles de Cerdeña, tienen fama por su excelente calidad.

Deliciosamente perfumados con aceite de oliva, los *gnocchetti* sardos se realzan con el delicado aroma de la albahaca. Esta planta aromática, inseparable de las cocinas italiana, sarda y siciliana, realza magistralmente los tomates y la célebre pasta.

Lave las verduras. Con ayuda de un cuchillo, corte en dados muy pequeños las berenjenas, los pimientos rojos, verdes y amarillos así como las cebollas.

Vierta aceite de oliva en una sartén grande. Deposite los dados de verduras y fríalo todo unos 10 minutos. Eche sal y pimienta.

Ponga una cazuela de agua a calentar. Cuando hierva, eche sal y vierta los malloreddus. El tiempo de cocción será de unos 9 minutos. Pasado este tiempo, escurra la pasta.

Sardos

Lave delicadamente la albahaca. Con la ayuda de un cuchillo, pique finamente las hojas.

Vierta los malloreddus en la preparación de verduras y mezcle delicadamente con una espátula de madera.

Espolvoree con albahaca y con queso rallado. Emplate y decore con hojas de albahaca.

Palikaria

Preparación: 15 min
Remojo de
las legumbres: 1 noche
Cocción: 30 min
Dificultad: ★

4 personas

150 g (³/₄ de taza) de judías blancas secas
de tamaño medio
150 g (³/₄ de taza) de garbanzos
150 g (³/₄ de taza) de lentejas

150 g (³/₄ de taza) de trigo duro descas-
carillado
150 g (³/₄ de taza) de habas secas
4 limones
1 ramo de eneldo
15 cl (²/₃ de taza) de aceite de oliva virgen
sal
pimienta

Antaño, el día 5 de enero, los campesinos cretenses preparaban, en vísperas de la Epifanía, un surtido de trigo y leguminosas hervidas, perfumado con aceite de oliva, limón y hierbas. Tras la comida familiar, los restos se distribuían a los
animales domésticos y a los pájaros, en señal de respeto por
todas las formas de vida. Actualmente cocinada todo el año,
esta receta energética es muy apreciada en los días de ayuno.
Conocida en Creta oriental bajo el nombre de *palikaria*, en
otras regiones se denomina *psarokoyva o mayeria*.

Según los historiadores, la *palikaria* tendría su origen en los
platos ceremoniales de la Grecia antigua. Cada familia ofrecía entonces a los dioses la *panspermia*, plato que reúne semillas de todas las leguminosas habidas y por haber, a fin de
darles las gracias por las buenas cosechas.

Judías blancas, garbanzos, lentejas y habas son representati-
vos de las legumbres secas más corrientes en Grecia. Las habas secas locales presentan un color verde muy intenso y los
garbanzos locales enarbolan un tinte amarillo anaranjado.
Así, la *palikaria* tiene por lo general todo un surtido de colores (verde, marrón, dorado, etc.).

Sólo las lentejas pueden ponerse a cocer directamente, sin remojo previo. Aunque la composición de este plato puede variar, evite, sin embargo, los guisantes rotos, que se reducirían
a puré. Tras la cocción, las legumbres tienen que estar fun-
dentes, pero enteras. Sobre todo, no sale el agua al principio
de la cocción, ya que se quedarían duras. El trigo descascari-
llado, por su parte, necesitará cocerse entre 30 y 45 minutos
según el fabricante.

La *palikaria* ganará en sabor si la deja en remojo al menos
una noche. Los ingredientes se impregnarán así de los sabores del aceite de oliva, el zumo de limón y el eneldo; este último, que confiere al plato un perfume sutil y ligeramente anisado puede ser completado con perejil y cebollas verdes.
Saboréelo todo bien fresco a modo de plato principal.

*El día anterior, en cuatro recipientes llenos
de agua, ponga en remojo los garbanzos,
las judías blancas, el trigo y las habas.*

*Tras una noche en remojo, escurra las
legumbres y el trigo hidratados. Ponga
agua a hervir en cacerolas separadas, las
habas, los garbanzos mezclados con trigo,
las lentejas y las judías blancas durante
30 minutos.*

*Escurra las legumbres y el trigo en un cola-
dor y extiéndalos en un trapo para acabar
de secarlos.*

Mezcle las legumbres y el trigo en un gran bol.

Añada el zumo de los limones, un generoso chorro de aceite de oliva, una pizca de sal, un poco de pimienta y mezcle todo bien.

Añada eneldo finamente cincelado y sírvalo frío.

Pane

Preparación: 25 min
Cocción: 30 min
Dificultad: ★

4 personas

300 g (11 oz) de pane carasau (hojas de trigo duro)
4 huevos
100 g (3¹/₂ oz) de queso de oveja rallado o parmesano
4 cucharadas soperas de vinagre blanco
1 cubo de caldo
sal

Salsa de tomate:
800 g (1³/₄ lb) de tomates
2 dientes de ajo
¹/₂ manojo de perejil
1 cebolla
1 rama de apio
1 zanahoria
1 hoja de laurel
3 hojas de albahaca
3 cucharadas soperas de aceite de oliva
sal
pimienta

En Cerdeña, los habitantes cuentan orgullosos que Dios se ha mostrado particularmente generoso con su isla con el fin de que este pueblo de marineros, pero sobre todo de pastores, pueda aprovecharse plenamente de ese lugar paradisíaco. Fuertemente marcada por la cultura pastoril, la cocina insular se caracteriza por especialidades simples y auténticas. El *pane fratau* es una preparación vegetariana antigua.

Extremadamente popular, este manjar fácil de realizar magnifica los sabores de la tierra. Típicamente sardo, el *pane carasau* que ha de utilizar, es también conocido bajo el nombre de *carta da musica*. Disponible en las tiendas especializadas, estas finas hojas crujientes, producidas a partir de trigo duro, evocan el papel de música apergaminado.

Su fabricación, la cual requiere mucha paciencia, es la obra de panaderos eméritos. La masa, se amasa varias veces antes de ser rebajada en tortas muy finas, y es enhornada dos veces.

Para esta receta, no se olvide de empapar las hojas de *pane carasau* antes de emplearlas. Esta operación permite devolverles su elasticidad inicial. Los pastores sardos empleau, para humedecerlas, un caldo de cordero, de ave de corral o incluso de pollo. Adornadas con salsa de tomate y recubiertas de *pecorino* (queso de oveja), las hojas de *pane carasau* se engalanan de sabores mediterráneos.

Auténtica huerta, Cerdeña produce verduras especialmente gustosas. Los tomates, cultivados en la isla, abastecen los mercados de Milán y Turín. Apreciadas por su carne jugosa y desprovista de pepitas, poseen una piel muy fina y lisa.

Adornado de huevos escalfados, el *pane fratau* es un plato muy generoso.

Para la salsa, corte en pequeños dados las verduras. Caliente el aceite de oliva y deposite el ajo y el perejil. Añada el laurel y los dados de tomates, cebolla, apio y zanahoria. Cuézalo 30 minutos. Salpimente, añada albahaca y páselos por la batidora.

Con los dedos, rompa en trozos el pane carasau. En una olla, diluya el cubito de caldo con agua y caliéntelo.

Vierta delicadamente en la olla del caldo los trozos de pane carasau a fin de humedecerlos y deposítelos en un plato.

frateau

Vierta armoniosamente la salsa de tomate sobre los trozos de pane carasau

Espolvoree con queso rallado y recúbralo de trozos de pane carasau, de tomates y de queso.

Caliente 50 cl (2 tazas) de agua. Cuando hierva, vierta el vinagre y rompa los huevos. Escálfelos, más o menos 1 minuto y colóquelos sobre el pane frateau.

Pasta

Preparación: 40 min
Cocción: 25 min
Dificultad: ★

4 personas

400 g de bavette (espaguetis grandes
de 0,5 cm)
2 cebollas
1 rama de apio
1 manojo de perejil
300 g (11 oz) de tomates
30 g (1 oz) de tomates secos

2 dientes de ajo
1 manojito de albahaca
1 cucharada sopera de concentrado de
tomate
5 cl (3¹/₂ cuch) de vino blanco
1 seco pequeño pimiento secado
5 cl (3¹/₂ cuch) de aceite de oliva
sal

Decoración:
tomatitos (opcional)
perejil
albahaca

Preparados de múltiples maneras, los platos de pasta se saborean en Sicilia en cualquier ocasión. Al participar de un auténtico arte de vivir, estos manjares presentados generosamente sobre la mesa han adquirido a lo largo del tiempo sus patentes de nobleza. De los célebres *macarrón alla Norma* a base de berenjenas, pasando por la pasta *con le sarde* a las sardinas frescas, la lista de estas especialidades ilustra la riqueza culinaria de Sicilia.

Al gozar de una gran notoriedad, la pasta a la *scarpara* cede el protagonismo al apio. Esta preparación vegetariana tiene sus raíces en el interior. Nuestro chef, originario de Caltagirone, ha heredado esta receta de la mujer de un zapatero *(scarpara)* de su pueblo que tenía un verdadero entusiasmo por este plato. Fácil de realizar, necesita sin embargo un particular cuidado en la cocción de la pasta. En Sicilia, la pasta, siempre se toma *al dente*.

En Italia, cada región reivindica la paternidad de la pasta. De norte a sur, sus habitantes ofrecen cantidad de argumentos con el fin de demostrar la veracidad de sus palabras. Los sicilianos también tienen su propia teoría. Este ingrediente, objeto de una auténtica pasión en el país, fue introducido en la isla por los árabes. Enseguida adoptada, la pasta supo encontrar su lugar en los platos de una manera muy rápida. Un libro, fechado en el siglo xv, ya menciona *maccheroni* puestos a secar al sol durante el mes de agosto. Para esta receta, nuestro chef utiliza *bavette,* un tipo de espaguetis grandes. Puede reemplazarlos por *tagliatelle* o incluso por *fettucine.*

Juiciosamente pensado, este plato muy colorido se engalana de sabores mediterráneos. El apio, muy apreciado por los insulares, forma una estupenda unión con el tomate, la cebolla, el ajo y la albahaca. Una vez en el plato, la pasta a la *scarpara* es sencillamente »buonissima«...

Pique muy fino las cebollas. Machaque los ajos. Cortea trocitos la rama de apio, el perejil y la albahaca. Corte los tomates secados. Pele los tomates frescos. Despepítelos y macháquelos.

Rehogue en aceite de oliva la cebolla y el ajo. Deposite el apio. Deje cocer entre 5 y 6 minutos. Añada la albahaca, el perejil y los tomates secados. Deje cocer 10 minutos. Sale generosamente. Espolvoree con pimiento picado.

Vierta los tomates machacados en la preparación anterior. Mezcle con una espátula de madera. Deposite el concentrado de tomates. Deje cocer unos 5 minutos.

a la Scarpara

Vierta el vino blanco y vaya removiendo con la ayuda de una espátula de madera. Manténgalo al fuego durante 5 minutos.

Ponga agua a hervir en una olla. Eche sal. Vierta las bavette. Déjelas hervir unos 12 minutos. Escurra la pasta.

Pase las bavette a la salsa y mézclelo todo sobre el fuego. Emplate y decore con tomatitos, perejil y albahaca.

Stifado

Preparación: 20 min
Cocción: 30 min
Dificultad: ✶

6 personas

450 g (1 lb) de calabaza
100 g (²/₃ de taza) de harina
450 g (1 lb) de chalotes
10 cl (7 cuch) de aceite de oliva
10 cl (7 cuch) de vinagre de vino
10 cl (7 cuch) de vino tinto

1 tomate
2 hojas de laurel
1 pizca de comino
1 ramita de romero
pimienta de Jamaica
100 g (3¹/₂ oz) de aceitunas negras
sal
pimienta negra molida

En Creta, el stifado evoca un estofado con una salsa bastante oscura de chalotes, especias y vino. El ingrediente principal se compone generalmente de liebre o de conejo. Michalis Markakis les propone, sin embargo, una versión a base de calabaza, cuya textura compacta aguantará bien la cocción.

La calabaza era desconocida por los griegos de la Antigüedad. Fue descubierta en el siglo XVI en Norteamérica, donde constituía, junto con las judías y el maíz uno de los fundamentos de la mitología amerindia. Los cretenses aprecian mucho esta cucurbitácea, que transforman en delicias estofadas, tartas, tortas y hojaldres.

Para realizar el *stifado,* nuestro chef le aconseja utilizar siempre calabaza bien fresca, y sobre todo no congelada (se aplastaría y desprendería demasiado jugo durante la cocción). Mientras se fríe, una pinza de espaguetis será muy útil para

dar la vuelta a los cubos de calabaza: así permanecerán enteros y se dorarán por todos los lados.

Después se prepara la salsa a base de chalote.

En la cocina familiar, los cretenses simplemente cortan los tomates y los exprimen por encima de la sartén de chalotes, antes o después del añadido aromático. Para que resulten más finos, los hemos pelado y pasado por la batidora anteriormente. Los tomates, no obstante, no harán enrojecer la preparación, que permanecerá de color marrón.

Las aceitunas negras sirven para realzar el potente sabor de la calabaza. Los olivares abundan en toda Creta; producen aceite y aceitunas. Una vez maduras, las aceitunas se recolectan y se conservan en salazón o untadas en sal. En Creta, son tan saladas que hay que eliminar parte de la sal antes de empezar a cocinarlas.

Corte la calabaza en grandes trozos. Péle-la, quite los filamentos y la pepitas y seguidamente corte la carne en grandes cubos.

Enharine los cubos de calabaza y fríalos unos 10 minutos en 5 cl (3¹/₂ cuch) de aceite de oliva.

Pele los chalotes y dórelos durante 5 minutos en una sartén con 5cl (3¹/₂ cuch) de aceite, desglase con vinagre y con vino tinto. Añada el tomate triturado.

de calabaza

Esparza la preparación con las plantas aromáticas: pimienta de Jamaica, comino, laurel, ramita de romero, sal y pimienta molida. Deje cocer a fuego lento 5 minutos, hasta que los chalotes estén bien blandos.

Con la ayuda de una pinza de espaguetis, introduzca los trozos de calabaza fritos.

Añada las olivas negras y deje cocer unos 10 minutos a fuego medio. Coloque la preparación en un plato y decore a su gusto.

Turtera

Preparación: 1 h
Reposo de la pasta: 5 min
Cocción: 2 h 35 min
Dificultad: ★★

4 personas

1 hueso de cordero
2 zanahorias
1 cebolla
1 rama de apio
3 hojas de laurel
500 g (1 lb) de ricotta

100 g (3½ oz) de pecorino rallado de 3 meses
50 g (1¾ oz) de mejorana fresca
50 g (3½ cuch) de manteca de cerdo
sal
pimienta

Masa de los cavatina:
350 g (2½ tazas) de harina de trigo duro
1 huevo
30 g (¼ de taza) de pecorino seco rallado
1 cucharada sopera de aceite de oliva
sal
3 g (1 cuchta) de pimienta

En Sicilia, la religión católica marca el paso tanto en la vida de los fieles como en la mesa. En esta magnífica isla, las fiestas de Pascua son el pretexto para numerosos festejos. La *turtera* (torta) está asociada tradicionalmente a este periodo del año. Muy abundante, este plato a base de pasta se toma como entremés caliente.

Dispuesta para todas las salsas, la pasta es muy respetada en Sicilia. Al gozar de gran notoriedad, los *cavatina* que ha de confeccionar, se componen de harina de trigo duro, huevo, *pecorino* (queso), aceite de oliva, sal y pimienta. Según nuestro chef, su nombre se derivaría del verbo *cavare* que significa rascar. En su orígen, se le daba una forma acanalada haciendo una huella con los dedos. Disponibles en las tiendas italianas, los *cavatina* pueden ceder su lugar a los *cavatielli* o incluso a los *garganelli*.

La *turtera* hace sobresalir la *ricotta*, queso fabricado a partir de suero de vaca, oveja o cabra.

Para esta receta, es preferible obtener *ricotta dura*, seca y picante. Los sicilianos la usan esencialmente para realzar pasta, rellenos y verduras.

Escenario de uno de los episodios de La Odisea, Sicilia es descrita por Homero como una tierra de pastores. El famoso pasaje en el que Ulises se encuentra prisionero de Polifemo, uno de los cíclopes, pone de manifiesto la tradición pastoril de la isla. Para escapar de su carcelero, el ingenioso héroe griego se coloca bajo el vientre de una oveja. Gran erudito, Giuseppe Barone establece la hipótesis de que los sicilianos de la Antigüedad consumían seguramente un queso cercano a la actual *ricotta*.

Sabiamente aromatizada, la *turtera* se imbibe del perfume delicado de la mejorana. Esta hierba muy usada en la cocina mediterránea posee un sabor cercano al de la menta y al de la albahaca.

Para la pasta, vierta en un recipiente la harina, la sal, la pimienta, el pecorino, el huevo y el aceite de oliva. Mezcle y a su vez vierta 10 cl (7 cuch) de agua. Trabaje la mezcla unos 15 minutos hasta la obtención de una masa. Deje reposar 5 minutos.

Meta en el horno, durante 30 minutos a 180 °C (355 °F) el hueso de cordero, las zanahorias, el apio y la cebolla cortados en trozos grandes. Páselo todo a una cazuela llena de agua salada con laurel. Deje cocer 2 horas. Fíltrelo y guárdelo.

Sobre la tabla de trabajo, extienda la masa sobre un espesor de 1,5 cm (0,59 in). Córtela en láminas. Corte pequeños rectángulos de igual grosor.

88 Giuseppe Barone, Sicilia

Deposite los rectángulos de pasta sobre el tenedor. Apoye con los dedos enrollándolos a fin de darles una forma acanalada.

Caliente el caldo que había guardado anteriormente. Vierta la pasta. Haga cocer unos 5 minutos y guarde de nuevo el caldo.

Traslade la pasta a un plato engrasado con manteca de cerdo. Coloque las rebanadas de ricotta. Échele pimienta. Espolvoree con pecorino. Añada la mejorana y recubra de nuevo la pasta. Vierta el caldo y métalo en el horno durante 30 minutos a 180 °C (355 °F).

Pescados y marisco

Arroz de sepia

Preparación: 1 h
Cocción: 50 min
Dificultad: ★★★

4 personas

Fumet:
1 arete
1 salmonete de fango
1 lubina
$^1/_2$ cebolla
1 puerro
3 ó 4 tomates
2 cucharadas soperas de pimentóu
1 ramita de tomillo
2 hojas de laurel
3 ó 4 tallos de perejil
10 cl (7 cuch) de aceite de oliva

Arroz en tinta:
200 g (1 taza) de arroz
800 g (1$^3/_4$ lb) de pequeñas sepias

3 cebollas
3 pimientos verdes
100 g (3$^1/_2$ oz) de guisantes
200 g (7 oz) de judías verdes finas
20 g ($^3/_4$ oz) de tinta de sepia
4 tomates
1 pizca de pimentón
10 cl (7 cuch) de aceite de oliva
sal

Picada:
1 cabeza de ajo
$^1/_2$ ramo de perejil

Decoración:
10 cl (7 cuch) de aceite de oliva
$^1/_2$ bolsita de tinta de sepia

El arroz de sepia figura entre las recetas antiguas más apreciadas en las Baleares. Enriquecido al modo español con tinta de sepia, se sirve en general en su sartén de cocción. La sepia es objeto de numerosos preparados en la cocina ibérica. Amante de los fondos costeros herbosos, este molusco marino pertenece a la familia de los cefalópodos, animales dotados de tentáculos fijados alrededor de la cabeza. Ésta lleva diez tentáculos, dos de ellos muy largos, que le ayudan a capturar sus presas. Con forma de »bolsillo« ovalado plano, su cuerpo está cubierto por una piel gris-malva y dispone de unas pequeñas aletas a los lados. En general mide de 10 a 40 cm (4–16 in) de largo.

Cuando se siente amenazada, la sepia libera en el agua la »sepia«, sustancia negra parecida a la tinta China, que oscurece los alrededores y hace huir a los depredadores. Las cualidades gustativas de esta »tinta« no han sido ignoradas por los cocineros españoles e italianos, quienes la utilizan en famosos platos.

Si sus sepias ya están vacías, sepa que la tinta se vende en bolsitas pequeñas. El *fumet* destinado a la cocción del arroz estará preparado con pequeños pescados de roca, también puede utilizar deshechos de pescados más nobles, de los que ya haya cocinado su carne anteriormente. Para elaborar este plato, Bartolomé-Jaime Trias Luis le aconseja escoger arroz bomba: cultivado en la región de Valencia y que sirve principalmente para la elaboración de las paellas. En las Baleares, las marismas de S'Albufera albergan también algunos arrozales. Según el gusto, este arroz se enriquecerá con juliana de sepia y con un surtido de verduras, o incluso con cigalas.

Para la decoración, nuestro chef reserva algunas bolsas de sepias, las frota con una cuchara untada con sepia y las dora en seco. Servirán de receptáculo al arroz, como si se tratara de conchas rellenas.

Quite las cabezas de las sepias. Vacíe y limpie las bolsas. Pase por la sartén en seco, 12 bolsas enteras destinadas a la decoración final (guárdelas). Corte las otras en juliana.

Fumet: corte las cabezas y las colas de los pescados. En una olla, vierta el aceite de oliva, la cebolla picada, los deshechos de pescado, los puerros, los tomates, el pimentón, y el tomillo, el laurel y el perejil atados. Cubra con agua, lleve a ebullición, cueza durante 20 minutos y filtre.

Arroz en tinta : durante ese tiempo, saltee a fuego vivo en una sartén, la juliana de sepias y los cubitos de pimientos. Añada cebollas y tomates picados, pimentón y judías verdes (guarde algunas judías para el adorno).

Cuando los ingredientes hayan fundido bien, añada guisantes y arroz. Mezcle sobre el fuego durante 3 ó 4 minutos a fuego vivo.

Con una cucharilla, añada tinta de sepia al arroz. Mezcle enérgicamente en la sartén a fuego vivo.

Rehogue con el fumet de pescado. Añada sal y picada (ajo y perejil picados). Deje cocer 17 minutos y deseque al horno. Disponga 3 sepias doradas por plato y adórnelas con arroz en su tinta. Decore con judías verdes y con salsa de tinta de sepia y aceite de oliva.

Preparación: 40 min
Cocción: 1 h 35 min
Dificultad: ★

4 personas

1,8 kg (2³/₄ lb) de calamares
2 dientes de ajo
2 cebollas frescas pequeñas
¹/₂ manojo de perejil
12 hojas de albahaca
1 pimientito de Cayena
1 cucharada sopera de concentrado de tomates
40 cl (1²/₃ tazas) de vino tinto

8 cl (¹/₃ de taza) de aceite de oliva
sal

Arroz :
250 g (1¹/₄ tazas) de arroz largo
3 cebolletas frescas
50 cl (2 tazas) de caldo de pescado
1 rama de népita (menta picante salvaje)
4 cl (2¹/₂ cuch) de aceite de oliva
sal
pimienta

Decoración :
1 rama de népita (menta salvaje)

Aún hace algunos años, en Bastia, los días de mercado eran la ocasión ideal para encontrarse en pequeñas cantinas o tabernas, y degustar las especialidades culinarias. En función de la pesca del día, se comía lisa japonesa en salsa de tomate y alcaparras, arroz al cangrejo, pequeñas anchoas fritas, etc. Los calamares del pescador están incluidos en esta línea. Extremadamente popular en Bastia, este preparado está hoy inscrito en el repertorio culinario corso.

De fácil preparación, este plato puede ser saboreado en cualquier época del año. Cocidos durante un largo tiempo acompañados de vino tinto, los calamares desvelan su textura fundente. Muy apreciados por los pueblos del Mediterráneo, estos moluscos se consumen también asados, fritos o rellenos. Primos de la sepia por la que se pueden sustituir, deben limpiarse imperativamente con agua.

Los calamares del pescador adoptan el perfume afrutado del aceite de oliva. Inseparable de la cocina corsa, este aceite producido en la »Ile de Beauté« se caracteriza por su suave sabor. Elaborado únicamente con frutos muy maduros, caídos del árbol, se conserva durante mucho tiempo. Este plato del litoral no está falto de carácter. Las plantas y hierbas aromáticas afirman su presencia y realzan perfectamente la carne de los calamares. Típica del maqui corso, la népita es una menta salvaje de gusto picante, muy usada en la gastronomía de esta isla. Por lo que se refiere a la albahaca, sus hojas son apreciadas por su sabor pronunciado a limón y jazmín.

Muy copioso, este plato del pescador se acompaña con una taza de arroz *pilaf*. Dorados en aceite de oliva con dos cebollas frescas pequeñas, los granos de arroz así preparados se revelan particularmente untuosos y llenos de sabor.

Pele los calamares bajo el agua del grifo separando los tentáculos de las bolsas. Quite el cartílago. En la parte de las patas, quite los ojos y el pico. Limpie abundantemente. Corte los calamares en rodajas.

Limpie las cebolletas frescas y córtelas. Pele los dientes de ajo y macháquelos. Quite las hojas del perejil y de la albahaca. Corte estos últimos muy finos. Meta todos los ingredientes en un bol.

Caliente 4 cl (2¹/₁ cuch) de aceite de oliva en una sartén. Meta los calamares y saltéelos. Escúrralos en un colador.

pescador

Caliente el resto del aceite. Vierta la mezcla de perejil, albahaca, cebollas y ajos. Deposite los calamares escurridos. Mezcle. Añada el concentrado de tomates. Vuelva a remover y cueza durante 1 minuto.

Vierta el vino tinto. Sale. Deposite la pimienta de Cayena. Cubra con agua. Cueza durante 1 hora y media.

Para el arroz, dore las cebollas. Vierta el arroz. Dore. Salpimente. Añada el fumet cuando el fuego esté en plena ebullición y cueza a fuego lento durante unos 18 minutos. Espolvoree népita. Presente los calamares y el arroz, decorados con népita.

Calamares rellenos de

Preparación: 1 h
Cocción: 1 h 30 min
Dificultad: ★★★

4 personas

800 g (1³/₄ lb) de calamares enteros
100 g (²/₃ de taza) de harina
aceite de fritura

Relleno y salsa de verduras :
2 cebollas gruesas
1 manojo de acelgas
2 manojos de espinacas
1 coliflor

2 tomates
2 puerros

2 ó 3 huevos
16 cigalas grandes
1 litro (4 tazas) de fumet de pescado
10 cl (7 cuch) de aceite de oliva

Salsa de albahaca :
2 manojos de albahaca
50 g (1³/₄ oz) de piñones
50 cl (2 tazas) de aceite de oliva
sal

Salsa de cigalas :
despojos de cigalas
5 cl (3¹/₂ cuch) de brandy
5 cl (3¹/₂ cuch) de aceite de oliva

Nuestro chef guarda un recuerdo inolvidable de los calamares rellenos de verduras preparados por su abuela. Los mallorquines sienten una gran atracción por este tipo de preparado. Pero el relleno, lo elaboran habitualmente con una mezcla de cerdo, hierbas y huevos. Para refinar la receta, nuestro chef ha introducido las cigalas, y ha acompañado el preparado con salsa de albahaca y crustáceos.

Molusco marino de la familia de la sepia, el calamar mide normalmente entre 20 y 40 cm (8–16 in). Con sus grandes ojos, avista fácilmente a sus presas, que captura con dos largos tentáculos dotados de ventosas que liberan un veneno paralizante. Para escapar de los depredadores, este animal fascinante es capaz de cambiar de color y de escaparse en el agua a 11 km/h (6,8 millas).

En otros tiempos, este molusco suscitó numerosos mitos sobre los monstruos marinos. Desde entonces, los científicos han descubierto en los fondos de 3000 a 4000 metros (ca.

10000 ft) el *architeutis,* un calamar gigante de 6 metros (19¹/₂ ft) de largo, dotado de unos tentáculos de 12 metros (39¹/₄ ft) de longitud. En las Baleares, el verano es propicio para la pesca de los calamares. Se capturan por la noche con lámpara, con desarrastres dotados de señuelos brillantes. Si los vacía, pélelos y límpielos minuciosamente, se revelarán muy finos para el paladar.

Un vasto surtido de verduras será utilizado en esta receta. Una primera mitad, mezclada con los tentáculos de calamar y huevos, será incluida en el relleno de los moluscos. Mientras que la otra mitad, añadida a los tomates y al *fumet* de pescado dará lugar a la salsa.

Unas cigalas condimentarán también la guarnición de los moluscos. Para desmenuzarlas, elimine en primer lugar la cabeza, quite luego las dos primeras partes del caparazón y apriete suavemente sobre los bordes para que salga la carne entera. No olvide guardar las sobras para elaborar una suculenta salsa

Desmenuce las cigalas (guarde el sobrante). Vacíe las bolsas y pique los tentáculos de calamar. Dórelos durante 15 minutos junto con los puerros, las cebollas, las espinacas, las acelgas y la col, todo picado. Quite la mitad, añada huevos y elabore el relleno.

Durante este tiempo, siga cociendo la otra mitad de las verduras. Añada los tomates picados y el fumet, cueza durante 30 minutos. Por otra parte, rellene cada bolsa de calamar con el relleno y 1 cigala desmenuzada. Cierre la extremidad con un pincho de madera.

Enharine los calamares rellenos. Métalos durante 5 minutos en un baño de fritura muy caliente y voltéelos para que se doren de manera uniforme. Sáquelos del aceite, introdúzcalos en la salsa de verduras y cueza durante 35 minutos a fuego lento.

verduras y cigalas

Para la salsa de albahaca, cueza rápidamente las hojas de albahaca. Dore los piñones en seco. Añada agua, sal y pique. Filtre en un chino añadiendo un chorrito de agua y haciendo presión con la parte cóncava de un cazo. Termine la salsa añadiendo un chorrito de aceite de oliva.

Ponga los calamares cocidos sobre una tabla para cortar. Córtelos en trozos regulares de 2 a 3 cm (³/₄–1 in) de ancho.

Saltee los deshechos de cigalas durante 5 minutos en una sartén con aceite de oliva. Desglase con brandy, flambee, añada un poco de agua, cueza durante unos minutos y filtre. Sirva los trozos de calamares con la salsa de cigalas, la albahaca y las verduras filtradas.

Dorada royal

Preparación: 20 min
Cocción: 10 min
Dificultad: ★

4 personas

4 doradas royal de 300 g (11 oz) la pieza
100 g (3¹/₂ oz) de olivas verdes
400 g (14 oz) de brécol
25 cl (1 taza) de vino blanco pardu dry
200 g (1¹/₃ tazas) de harina
4 cucharadas soperas de aceite de oliva

sal
pimienta

Decoración:
tomates cerezas

Aunque los sardos son, ante todo, pastores, esta magnífica isla del Mediterráneo alberga también numerosos pueblos de pescadores. Bordeado por un mar puro y limpio, el litoral se revela particularmente abundante de peces: sardinas, lisas japonesas, perros del Norte, rascacios, etc. que abundan en el mercado de Oristano. La dorada royal *al pardu dry* es un preparado originario de esta ciudad, verdadero polo de atracción de esta región del Oeste.

Desvelando sabores típicos, este plato liga muy bien el pescado con las olivas verdes y el vino blanco. Normalmente en las familias, se utilizan cepas locales, la *vernaccia,* con un aroma seco y robusto. Nuestro chef ha elegido el *pardu dry* que posee muy buena reputación.

Extremadamente refinada, la dorada royal, así preparada, se saborea tradicionalmente en compañía de invitados. Apreciada por los habitantes del Mediterráneos por su carne blan-ca y perfumada, este pescado costero necesita un tiempo restringido para la cocción. Mide de 30 a 50 cm (11³/₄–19¹/₂ in) y se reconoce por sus aletas rosas y por una mancha que tiene cerca de los oídos. En esta receta, la dorada se presenta entera en el plato. Según la ocasión, le sugerimos sustituirla por lisa japonesa, muy apreciada por los isleños.

De preparación fácil, este plato va acompañado de brócoli. Muy queridos en la gastronomía italiana y sarda, estas verduras, que pertenecen a la familia de la coliflor, colorean los mercados desde el otoño a la primavera. Ricos en vitaminas y sales minerales, son originarios de la región de la Puglia. Escoja un brócoli de cabeza firme, muy apretada y preferentemente de color verde azulado.

Antes de su utilización, corte las puntas. Tras la cocción, deposítelo en un recipiente con agua helada, esto le permitirá conservar las vitaminas y también su bonito color.

Quite las escamas de las doradas. Vacíelas delicadamente. Póngalas bajo el grifo. Séquelas con un paño limpio y enharínelas.

Corte las puntas del brócoli. Lávelos. Cuézalos durante 3 ó 4 minutos en una olla con agua salada.

Caliente el aceite de oliva. Añada las doradas y cuézalas durante 3 minutos por cada lado.

al pardu dry

Vierta el vino blanco en el preparado. Salpimente. Cueza un poco.

Añada las olivas verdes y cueza a fuego muy lento durante unos 3 minutos.

Deposite el brócoli en un recipiente con agua helada para enfriarlo Disponga en el plato la dorada royal al pardu dry. Adorne con tomates cerezas pasados anteriormente por la sartén.

Emperador

Preparación: 40 min
Cocción: 25 min
Dificultad: ★

4 personas

4 rodajas de emperador
1 corazón de apio
1 cebolla
2 dientes de ajo
40 g (1¹/₂ oz) de alcaparras
50 g (1³/₄ oz) de olivas verdes sin hueso

30 g (¹/₄ de taza) de pasas sultanina o italia
100 g (²/₃ de taza) de harina
5 tomates
1 manojo de albahaca
1 manojo de perejil
1 poco de mantequilla (opcional)
8 cl (¹/₃ de taza) de aceite de oliva
sal
pimienta

Decoración:
flores de apio

A lo largo de su historia, los sicilianos han sabido sacar partido de lo que han aportado otras culturas para enriquecer su gastronomía. Los árabes, que se instalaron en la isla entre el siglo IX y XI, contribuyeron a suavizar un gran número de platos. Frutos secos, azúcar y especias fueron entonces integrados a la cocina insular. Grandes amantes de los sabores agridulces, sus habitantes han puesto toda su imaginación al servicio de la cocina.

Originario de las regiones de Messina y Palermo, el emperador a la *ghiotta,* es decir, a la golosa, es un plato tradicional muy delicado. De preparación fácil, puede ser saboreado en cualquier época del año.

Orientados hacia el mar, los sicilianos experimentan una verdadera afición por los platos marinos. El emperador, extremadamente popular en el litoral, se pesca aún tradicionalmente en el mar Jónico, en el estrecho de Messina. Este pez, dotado de una temible espada, puede llegar a medir 4 metros (13 ft) de largo y pesar hasta 200 kilos (441 lb). Su captura, a menudo peligrosa para los hombres, fue inmortalizada en una canción de Domenico Modugno. Apreciado por su carne muy tierna, en general se presenta en rodajas. Próximo al atún por el que se puede sustituir, el emperador también es delicioso a la parrilla, a la brasa, cocido al vapor o incluso marinado.

Al desvelar sabores típicamente sicilianos, este preparado une en harmonía la ligera acidez de las alcaparras y el gusto dulce de las pasas. Utilizadas como ingredientes o condimentos, éstas últimas le dotan de un toque oriental.

Muy alimenticias, las pasas son el fruto de una variedad desprovista de pepitas. Para esta receta, nuestro chef le sugiere emplear la variedad Italia, con granos ovales bastante gruesos y acondicionados en su isla.

Enharine las rodajas de emperador. Caliente 5 cl (3¹/₂ cuch) de aceite de oliva con la mantequilla. Añada el pescado. Fríalo y escúrralo con papel absorbente.

Pele y quite las pepitas de los tomates. Tritúrelos. Lave el apio, la albahaca y el perejil y córtelo todo junto con la cebolla y los dientes de ajo. Pique las olivas verdes.

Caliente el resto del aceite. Deposite el ajo y la cebolla. Sofría. Añada el apio, las alcaparras y las pasas. Salpimente. Cueza durante 5 minutos. Vierta los tomates triturados.

a la ghiotta

Disponga las olivas verdes picadas en el preparado de verduras y mezcle con delicadeza con la ayuda de una espátula de madera.

Espolvoree el preparado con perejil y albahaca cortados muy finos. Mézclelo todo y cuézalo durante unos 5 minutos.

Deposite las rodajas de emperador en una fuente. Cúbralo con verduras. Póngalo en el horno durante unos 10 minutos a 180 °C (355 °F). Emplátelo y adórnelo con flores de apio.

Pastel de sardinas

Preparación: 25 min
Maceración de los tomates: 24 h
Cocción: 30 min
Dificultad: ★

4 personas

500 g (1 lb) de sardinas
300 g (11 oz) de patatas
1 lechuga
2 cucharadas soperas de aceite de oliva
sal
pimienta

Tomates confitados:
12 tomates cereza
4 cucharadas soperas de miel
1 ramita de tomillo fresco

Si la aristocracia siciliana era, en otros tiempos, famosa por la riqueza de su gastronomía con mantequilla; las clases populares empleaban, por su parte, el aceite de oliva y, sobre todo, muy pocos ingredientes. Originario del litoral sudoriental de la isla, el pastel de sardinas de la signora Ignazia es un plato bastante minimalista, heredado de las familias de pescadores. En otros tiempos, los campesinos utilizaban el horno colectivo de piedra para la cocción de este plato.

Muy simple, este preparado desvela innegables sabores. Nuestro chef ha querido, con esta receta, rendir homenaje a su madre quien le ha transmitido el amor por la cocina. De preparación fácil, el pastel de sardinas de la signora Ignazia es ideal para ser saboreado en verano.

Muy apreciadas en Sicilia, las sardinas se enmarcan en una de las receta más famosas de la isla, la pasta con los *sarde*, pescados desde la Antigüedad en el puerto de Sciacca. Estos pequeños peces muy gustosos abundan en el Mediterráneo durante la primavera y el verano. En función de la disponibilidad, puede sustituirlos por anchoas.

Disponga en capas superpuestas en el plato, las sardinas, las láminas de patatas y las hojas de lechuga. El aceite de oliva le da color a este »pastel«. Siempre afrutado y robusto, este aceite, producido en la isla, se caracteriza por un regusto de almendra dulce. Esencialmente cultivados en los montes del Etna, los olivos son inseparables de los paisajes sicilianos.

Este plato se realza con tomatitos confitados con miel y tomillo. Extremadamente refinados, aportan un toque dulce, apreciado por el paladar de los insulares, y embellecen por su presencia el pastel de sardinas de la signora Ignazia.

La noche anterior, introduzca los tomates cereza en agua hirviendo durante 2 minutos. Escúrralos. Pélelos y métalos en un recipiente. Vierta sobre éstos la miel y el tomillo en migajas. Deje confitar durante 24 horas.

Limpie las sardinas. Quite la cabeza y la cola. Vacíelas. Quite las raspas. Saque los filetes y páselos bajo el grifo.

Pele las patatas y con una mandolina, córtelas en rodajas muy finas.

de la signora Ignazia

Lave las hojas de lechuga y córtelas con un cuchillo .

Vierta aceite de oliva en una fuente. Disponga una capa de lechuga. Cubra con patatas y salpimente.

Coloque las sardinas en el plato. Salpimente. Cúbralas con patatas y lechuga. Meta en el horno durante unos 30 minutos a 180 °C (355 °F). Desmolde. Presente el pastel de sardinas con los tomates confitados.

Caballas

Preparación: 40 min
Cocción: 50 min
Dificultad: ★★

4 personas

8 caballas
100 g (²/₃ de taza) de harina
25 cl (1 taza) de aceite de oliva
12 tomates
40 cl (1²/₃ tazas) de vino blanco
2 dientes de ajo

2 cucharadas soperas de alcaparras
1 ramita de menta fresca
sal
pimienta

Desde hace ocho años, Michael Cauchi y su esposa regentan, en Marsascala, un restaurante muy famoso llamado »Il Re del Pesce«. En él han elaborado recetas suculentas, como estos pescados fritos cocinados en una salsa de tomate y alcaparras.

Prácticamente artesanal, la pesca maltesa se realiza todavía hoy en día con las *luzzu,* unas espléndidas barcas adornadas con colores vivos y con un ojo de la suerte en su proa. En muchas ocasiones, ilustran los carteles, postales, libros y cualquier publicidad relacionada con Malta.

El mejor pescado capturado sobre las *luzzu* se ofrece en el gran mercado de Marsaxlokk. Nuestro chef emplea bogas para elaborar su receta (o *vopi,* en maltés): de color dorado, este pescado mediterráneo presenta unos grandes ojos, un cuerpo alargado, rayas espinosas en la aleta dorsal y unas minúsculas aletas pectorales. Nuestro chef le propone sus-

tituirlas por caballas, mucho más comunes en los mostradores de las pescaderías europeas.

En Malta, los chefs cocinan el *kavall* o »caballa española« de carne blanca. Se distingue de la caballa común por su aleta dorsal con rayas, sus manchas redondas gris-azuladas dispersas sobre los flancos y el vientre, y una zona translúcida entre los dos ojos. Como hace nuestro chef, no dude, tras la fritura, en exprimir un limón sobre el pescado, para así realzar el sabor del pan rallado.

Para preparar la salsa de tomate, corte los tomates en cuartos y pase un pequeño cuchillo entre la carne y la piel para eliminar esta última. Seguidamente, sólo tiene que picar la pulpa. Esta salsa llevará igualmente el perfume de las alcaparras, muy a menudo cosechadas en los campos malteses. En vez de recubrir las caballas, no dude en disponerlas sobre un lecho de salsa.

Abra las caballas por el vientre y sáqueles los órganos. Limpie las caballas, séquelas con papel absorbente y sale el interior.

Disponga la harina en un plato y salpimente. Posteriormente, enharínelas bien .

En una sartén, fría las caballas enharinadas durante 5 minutos en 20 cl (³/₄ generosos de taza) de aceite de oliva muy caliente y voltéelos para que las dos caras queden doradas.

al estilo cauchi

Pele, quite las pepitas de los tomates y píquelos. Pele y corte el ajo muy fino y salté-
elo. Añada luego la picada de tomates, el
vino blanco y mezcle enérgicamente a
fuego vivo.

Cuando la salsa se haya fundido bien, añada las hojas de menta y las alcaparras
picadas.

Coloque las caballas en una fuente.
Cúbralas con la salsa de tomate y métalas
al horno durante 25 minutos a 160 °C
(320 °F).

Langosta a la

Preparación: 30 min
Cocción: 40 min
Dificultad: ★

4 personas

2 langostas vivas
3 dientes de ajo
4 o 5 ramitas de cilantro fresco
10 ramitas de perejil
15 cl (²/₃ de tazas) de aceite de oliva
8 cucharadas soperas de pulpa de erizo

500 g (1 lb) de tomates cereza
60 cl (2¹/₂ tazas) de vino blanco

Gran especialista maltés en platos de pescado y marisco, Michael Cauchi le propone servir la langosta en una salsa perfumada muy corriente en Malta y en toda la cuenca mediterránea. Una mezcla de tomates cereza, ajo, hierbas y aceite de oliva, a los que nuestro chef añade el último toque gastronómico: pulpa de erizos.

Las langostas frecuentan los alrededores de Malta, pero según la disponibilidad, nuestro chef utiliza tanto la langosta llamada *cubana* como la pequeña *chicala* griega, el bogavante, que vive en aguas frías también puede ser utilizado en esta receta.

Después de haber sofrito los tomates, el ajo y las hierbas, nuestro chef desglasa normalmente el preparado con vino blanco de Malta. La viticultura fue introducida en la isla por colonos fenicios. Aún así, la vid, actualmente está poco extendida. Tres grandes casas vinícolas se reparten el mercado. El resto del vino es producido por pequeños viticultores con múltiples cepas.

Los erizos, por su parte, confieren a la salsa su potente sabor yodado. Este curioso animal rodeado de pinchos es temido por los submarinistas, quienes se arriesgan a ser pinchados si cometen la imprudencia de pisarlos. Llamados *rizzi* en maltés, son muy abundantes en los fondos rocosos. Los machos no se consumen nunca, pero las hembras son muy apreciadas.

Los pescadores los cortan por la mitad en sentido horizontal y les quitan la sustancia naranja que se encuentra en el centro. La degustan cruda, condimentándola, en ciertas ocasiones, con zumo de limón.

Escoja siempre erizos muy frescos. Después de abrirlos, retire la pulpa con la ayuda de una cuchara. Los que no aprecian su sabor característico dejarán la salsa natural (tomates y hierbas). Este producto ofrece un contraste tan original con la langosta asada, que resulta insustituble.

Doble la cola de las langostas. Apóyelas sobre la espalda y córtelas por la mitad, a lo largo. Separe las dos mitades obtenidas. Limpie el interior bajo el grifo.

Fría las mitades durante 5 min en 10 cl (7 cuch) de aceite, cúbralas y voltéelas para que se doren de una manera uniforme. Colóquelas en un plato al horno y continue la cocción durante 20 min a fuego medio.

Sofría los tomates cereza durante 5 min con 5 cl (3¹/₂ cuch) de aceite con el ajo, perejil y cilantro picados. Desglase con vino blanco. Cueza durante 5 min y pase el preparado por la picadora (guarde algunos tomates dorados y hojas de perejil para el adorno).

pulpa de erizos

Filtre la salsa obtenida en un chino dispuesto sobre una cacerola.

Incorpore entonces la pulpa de los erizos en la salsa de tomate y mézclelo todo.

Cubra las mitades de las langostas con la salsa de erizos. Adorne con tomates cerezas y con pelusas de perejil. Deguste caliente.

Mero

Preparación: 35 min
Resudado de los gombos: 1 a 2 h
Cocción: 50 min
Dificultad: ★

4 personas

1 kg (2 lb) de filetes de mero
600 g (1¼ lb) de gombos frescos
200 g (7 oz) de tomates
8 cl (⅓ de taza) de aceite de oliva virgen
extra

1 limón
1 diente de ajo
100 g (3½ oz) de cebolla
30 g (1 oz) de perejil
sal
pimienta

Los habitantes de las costas cretenses se han convertido en maestros en el arte de incluir los productos del mar en el menú diario. En Malia, Sitia y Rethymnon, el pescado a los gombos figura entre las especialidades más apreciadas. Este plato se denomina localmente *psari me bamies*.

Para elaborar esta receta, Michalis Markakis ha escogido filetes de mero, pero pueden sustituirse por la dorada royal o el salmonete. El mero es un gran pescado de carne fina, con flancos marrones manchados de ocre y con una boca predominante. En Creta, es fácil encontrarlos de talla pequeña (1 a 2 kg) (2–4 lb), que se pueden cocer enteros. Este pescado tiene la ventaja de poseer una espina dorsal fácil de quitar, lo que facilita a los invitados el poder deleitarse sin temor.

Muy apreciado en toda Grecia, el gombo o bamia es una hortaliza alargada de color verde, en general de la talla de un pepino. Conocido en algunos países con el nombre de »cuerno griego«, *okra* y »dedo de mujer«, se cocina mucho en África del Norte, en la África negra y en las Antillas. Su sabor se entremezcla muy bien con el de los tomates y las cebollas.

La carne de estas hortalizas contiene un producto gelatinoso, frecuentemente aprovechado para espesar las salsas. Para eliminar esta sustancia, los cocineros espolvorean los gombos con sal y los salpican con zumo de limón, vinagre o zumo de uva verde, según la estación, sacando así su gelatina y retrayéndose lo que hará que aguanten mejor la cocción. Además, la acidez del limón o del vinagre precuece la carne, reduciendo así ligeramente el tiempo de cocción al horno. Posteriormente límpielos antes de utilizarlos.

Normalmente, el mero a los gombos se espolvorea con perejil antes de ponerlo en el horno; como nuestro chef nos indica, es preferible incluirlo después de la cocción ya que así conservará su color verde vivo, su aroma y todas sus vitaminas.

Limpie los gombos rascando las hojas minúsculas puntiagudas situadas en la base de la cola, así como los pelos picantes.

Disponga los gombos en un plato y condiméntelos con el zumo de ½ limón. Sálelos abundantemente. Déjelos reposar de 1 a 2 horas para que quiten el agua. Posteriormente, límpielos bajo el grifo.

Corte los filetes de mero en porciones individuales. Pele y pique el ajo y la cebolla. Monde y pique los tomates.

con gombos

Sofría la picada de ajo y cebolla en una sartén con aceite caliente durante 5 minutos. Desglase con zumo de limón y rehogue con el puré de tomates. Salpimente y deje cocer durante 15 minutos.

Transfiera los gombos y los trozos de pescado a una fuente. Añada la salsa de tomate anteriormente preparada. Pase al horno a 170 °C (340 °F) durante 30 minutos.

Cuando las hortalizas y el pescado están cocidos, salpique con perejil picado y sirva muy caliente.

Bacalao con puerros

Preparación: 25 min
Cocción: 40 min
Desalado el bacalao: 12 h
Dificultad: ★

4 personas

1 kg (2 lb) de bacalao seco
500 g (1 lb) de puerros
200 g (7 oz) patatas
4 tomates medianos
2 cebollas

2 ramitas de apio
200 g (1 1/3 tazas) de harina
3 ramos de perejil
30 cl (1 1/4 tazas) de aceite de oliva virgen
sal
pimienta

El bacalao con puerros en *yachni* se encuentra entre las recetas más populares de Creta. El *yachni*, un *ragout* de verduras con tomates frescos que sirve de estuche para el bacalao, revela sus sabores puros e intensos, típicos de la cocina insular. Los surtidos de verduras aromáticas están incluidos en la mayoría de las comidas cretenses.

El bacalao fresco o salado se cocina de forma habiual en todas las regiones de Grecia. Es un producto económico y fácil de encontrar durante todo el año. En Creta, isla rodeada por el Mediterráneo, los habitantes de las costas siempre se han nutrido abundantemente de pescados, moluscos y crustáceos frescos.

Los habitantes de las montañas, sin embargo, han tenido que introducir el bacalao seco en su menú y elaborar numerosas recetas con verduras frescas, legumbres y hierbas silvestres. Sin embargo, se trata de un producto de importación, pues el bacalao se pesca en los mares fríos de Islandia y Escandinavia.

Duro y seco, el pescado siempre debe cortarse en rodajas gruesas y ponerlo en agua fría durante 24–48 horas para desalarlo. El método más simple consiste en meter el bacalao en un colador o en una freidora, dispuesta sobre un gran recipiente lleno de agua sin que toque el fondo. Así, la sal cae lentamente al fondo sin impregnar el pescado. Cuando esté desalado, límpielo bien debajo del agua del grifo antes de cocerlo.

Un elemento primordial de este plato es el puerro, del cual se añade el doble de cantidad que de las demás verduras. Pero en cualquier caso, puede sustituirlo por coliflor.

Los tomates aportan también su jugo coloreado y su sabor. Por lo contrario, el apio se utiliza como elemento aromático. Todas estas hortalizas también pueden ser cocidas directamente junto con el bacalao, sin cocción previa. Obtendrá entonces un plato más ligero, pero con un aspecto menos apetitoso.

Prepare el bacalao la noche anterior: corte las aletas, parta por la mitad y a lo largo, y corte en trozos de unos 10 cm (4 in). Métalos en remojo durante 12 h en un recipiente con agua fría.

Pele, lave y corte las patatas en cubos, corte las cebollas muy finas. Limpie y corte el puerro y el apio. Corte los tomates limpios en cubitos pequeños.

En un recipiente, sofría las cebollas, los puerros, el apio, las patatas y los tomates de 10 a 15 minutos y vaya removiendo regularmente.

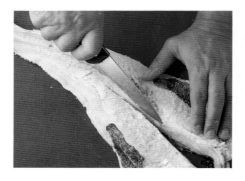

en yachni

Con un papel absorbente, limpie y seque los trozos de bacalao. Vierta la harina en un plato. Voltee los trozos de bacalao en la harina hasta que estén bien enharinados.

Caliente un fondo de aceite en una sartén. Cuando esté caliente, disponga los trozos de bacalao y fríalos. Voltéelos para dorar ambas caras.

Disponga el bacalao frito en las verduras fundidas. Salpimente. Cocer durante 15 minutos. Vierta en un plato hondo, adorne con perejil y sirva muy caliente.

Arroz al pescado de roca

Preparación: 45 min
Cocción: 1 h 10 min
Dificultad: ★★★

4 personas

Fumet:
raspas de pescado
despojos de langostinos
¹/₂ cebolla
1 tallo de cebolleta francesa
1 puerro
3 ó 4 tomates de Mallorca
2 cucharadas soperas de pimentón
2 ó 3 tallos de perifollo
1 hoja de laurel

2 ó 3 tallos de perejil
20 cl (³/₄ generosos de taza) de aceite de oliva

Picada:
2 dientes de ajo
¹/₂ manojo de perejil
2 ñoras

Arroz:
200 g (1 taza) de arroz
1 rascacio
1 arete
2 arañas blancas
1 dorada gris
50 g (1³/₄ oz) de guisantes
8 mejillones
8 almejas
8 langostinos
1 calamar de línea
10 cl (7 cuch) de aceite de oliva

Los pescadores de las Baleares han aprendido a valorar las mezclas de pescados en forma de sopas o de platos de arroz. La composición de este plato varía según la marea: nuestro chef emplea normalmente rascacio y peces de roca locales (sardos, rata, etc.). Hemos sustituido estos últimos por arete, dorada y araña blanca. Los submarinistas son cautelosos a la hora de capturar la minúscula araña blanca, pues sus aletas están dotadas de unos pinchos venenosos. Cuando las compre, asegúrese de que estos hayan sido bien retirados.

El arete, por su parte, se distingue por su cabeza gruesa abombada, sus ojos globulosos dispuestos en la cima del cráneo y su cuerpo fuselado rojo-anaranjado. Vive en la arena o en el fango a una profundidad de unos 150 metros (490 ft). Haciendo presión sobre su vejiga natatoria, este curioso pescado emite unos gruñidos característicos, de ahí proviene su nombre.

De color rojo, el rascacio se reconoce por su cabeza gruesa y por su cuerpo manchado y con espinas. Muy abundante en el Mediterráneo, este pescado depredador vive a una profundidad de unos 20 a 50 metros (65–165 ft), escondido en la arena o en las hierbas rocosas.

Al final de la cocción del arroz, la »picada« aportará el toque definitivo a su plato. Ajo y perejil se alían con la ñora, un pimiento redondo de color oscuro y suave sabor. En las Baleares, se secan al sol sobre las paredes de las casas. Antes de usarlos, hay que dejarlos en remojo y luego rascar la pulpa con un cuchillo. Si tiene la suerte de encontrarlo, puede enriquecer también su picada con hígado de rape.

Para la presentación, guarde algunos trozos de pescado, langostinos y calamares, que dorará por separado. Vierta el arroz en un plato hondo. Disponga un calamar en el centro y adorne con pescado, langostinos dorados y guisantes tiernos.

Meta los pimientos ñora en remojo. Hierva los mejillones y las almejas. Enfríalos bajo el grifo y quíteles las conchas. Pele los langostinos. Vacíe y limpie el calamar y córtelo en rodajas. Córtelo todo en filetes y guárdelo.

Fumet: sofría durante 5 minutos las cabezas y los caparazones de los langostinos con un manojo de hierbas aromáticas (perifollo, laurel y perejil). Cuando cojan un color rojo, añada el puerro, la cebolleta francesa y la cebolla cortados en trozos gruesos así como las raspas del pescado.

Añada el pimenton y los trozos de tomate cortados a cuartos. Sofría y añada 3 litros (12 tazas) de agua fría. Cueza durante 20 minutos. Posteriormente, filtre el preparado.

y marisco

Picada: en un mortero, machaque el perejil picado con el ajo y la pulpa de los pimientos ñora rehidratados.

En una cacerola, sofría los filetes de pescado y el calamar a fuego vivo. Rehogue con 2,5 l (10 tazas) de caldo filtrado y lleve a ebullición.

Añada el arroz al caldo. Cueza durante 5 minutos y añada la picada y los guisantes tiernos. Continue la cocción durante 20 minutos y deguste caliente.

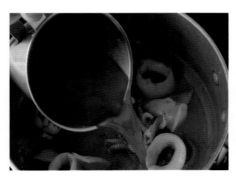

Sardinas rellenas

Preparación: 30 min
Cocción: 45 min
Dificultad: ✳

4 personas

12 sardinas de 150 g (5¹/₂ oz) la pieza
1 brocciu de 400 g (14 oz) (queso corso)
2 huevos
1 manojo de menta
150 g (5¹/₂ oz) de requesón corso
sal
pimienta

Salsa de tomates:
500 g (1 lb) de tomates
1 cebolla
1 diente de ajo
¹/₂ manojo de perejil
5 cl (3¹/₂ cuch) de vino blanco
5 cl (3¹/₂ cuch) de aceite de oliva
sal
pimienta

Decoración:
hojas de menta

Características del litoral corso, las sardinas rellenas al *brocciu* se elaboraban en otros tiempos en el seno de las familias de pescadores. Mezclando perfectamente el mar y la montaña, esta especialidad, fácil de elaborar, se enriquece, algunas veces, con hojas de acelga o espinacas.

En Córcega, la pesca sigue siendo una actividad artesana. Capturadas por las redes de los pesqueros, las sardinas abundan durante la primavera y el verano. Ésta son muy apreciadas por su gusto incomparable. Para este preparado, cada una debe pesar unos 150 gramos (5¹/₂ oz) para poder así introducir el relleno. Según la disponibilidad, también se pueden usar calamares.

En la gastronomía corsa, los rellenos casi siempre están asociados al *brocciu*. Este queso de pastores posee un sabor muy suave, fabricado exclusivamente a partir de lactosuero de cabra o de oveja, leche entera, agua y sal.

Dispone de una denominación de origen controlada y se revela particularmente untuoso.

Las sardinas rellenas de esta forma adoptan el perfume refrescante de la menta. Esta planta aromática, de un olor muy fuerte, crece en estado salvaje en los países mediterráneos. Famosa desde la Antigüedad por sus virtudes calmantes, es rica en calcio, hierro y vitaminas. Escójala muy verde y con los tallos rígidos. Si desea secarla, déjela en un lugar aireado protegida de la luz. Redúzca luego las hojas en migas finas y consérvelas en tarros de cristal.

Extremadamente coloreado, este plato se realza al final con una salsa de tomate.

Prepare las sardinas: con los dedos, quite la cabeza. Vacíe el pescado. Retire la espina dorsal y póngalas bajo el grifo.

Lave el manojo de menta. Quite las hojas y córtelas con un cuchillo.

Deposite el brocciu en un recipiente. Macháquelo. Añada los huevos y la menta cortada. Salpimente y mézclelo todo.

al brocciu

Para la salsa, sofría en aceite de oliva la cebolla picada. Añada el ajo y el perejil picados. Vierta los tomates triturados. Salpimente. Rehogue con vino blanco. Cueza durante unos 15 minutos. Pique el preparado.

Disponga las sardinas sobre la mesa de trabajo. Introduzca el relleno con la ayuda de una cuchara y cierre los filetes.

Vierta la salsa de tomate en una fuente. Coloque las sardinas encima. Espolvoree copos de requesón corso y cueza a 180 °C (355 °F), durante unos 30 minutos. Disponga en el plato las sardinas rellenas de brocciu con la salsa. Adorne con un poco de menta.

Sepias en

Preparación: 20 min
Cocción: 35 min
Dificultad: ★

4 personas

1 kg (1lb) de sepias pequeñas vacías y limpias
20 cl (³/₄ generosos de taza) de aceite de oliva virgen
10 cl (7 cuch) de vinagre de vino rosado
50 g (1³/₄ oz) de miel

50 g (1³/₄ oz)de romero fresco
sal
pimienta

Plato tradicional de la cocina cretense, las sepias en salsa *oxymeli* son elaboradas para la *megali sarakosti*, ayuno de siete semanas anterior a Semana Santa. El ayuno normal, que prohibe la carne y sus derivados (mantequilla, leche, huevos, queso, etc.) autoriza el consumo de productos marinos.

Le aconsejamos que para elaborar este plato con más facilidad, emplee bolsas de sepias listas para ser usadas, frescas o congeladas. Si no dispone de ellas, quite en primer lugar la cabeza y los órganos vitales, luego el hueso central y la piel. Límpielas después bajo el grifo, volteándolas como un dedo de un guante.

Después de haberlas limpiado bien, escúrralas con papel absorbente, así, no »saltarán« cuando se fríen. De todos modos, protéjase durante la cocción, o cubra la sartén para limitar el aceite caliente proyectado.

La sepia es muy conviente para elaborar este plato, pues su carne se mantiene firme mientras se fríen.

Pero también pueden usarse calamares enharinados con anterioridad, para que doren bien y no se »fundan« demasiado en la sartén.

Típicamente cretense, la salsa *oxymeli* condimenta marisco, pescados, caracoles y ensaladas de hierbas silvestres.

La miel de Creta o *meli Kritis* le confiere un delicado sabor agridulce. Según la mitología, Zeus pasó su infancia en Creta escondido en el monte Ida, alimentado con leche de cabra y con miel que las abejas depositaban sobre sus labios. Su brebaje se utiliza desde entonces como alimento básico, como edulcorante y también como medicamento.

En esta salsa, los aromas del *dendrolivano* (romero) van muy bien con el aceite de oliva virgen, cuyos aromas predominan en la mayoría de los platos insulares. Sus pequeñas hojas en forma de aguja, que perfuman los platos griegos desde la Antigüedad, despertarán su salsa oxymeli.

Abra las bolsas de sepia y córtelas en rectángulos grandes.

Caliente el aceite de oliva en una sartén. Añada los trozos de sepia y dórelos durante 10 minutos a fuego vivo.

Saque los trozos de sepia fritos y dispóngalos en una fuente para gratinar (guarde el aceite utilizado).

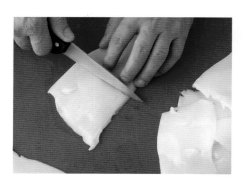

salsa oxymeli

En el aceite guardado, añada el vinagre, la miel, la sal, el pimiento y las hojas de romero. Sofría a fuego vivo y deje evaporar durante 3 ó 4 minutos, removiendo con la cuchara.

Rehogue las sepias con la salsa e introdúzcalas en el horno durante 10 minutos a 220 °C (430 °F).

Voltee las sepias en el plato de cocción e introdúzcala de nuevo en el horno durante 10 minutos más. Sirva caliente.

Estofado del

Preparación: 30 min
Cocción: 1 h 5 min
Dificultad: ★★

4 personas

1 pulpo de 1,5 kg (3 lb)
4 alcachofas
4 dientes de ajo
8 olivas negras
3 ramitas de apio
1 cebolla roja

1 manojo de menta fresca
1 manojo de mejorana fresca
1 manojo de albahaca fresca
6 tomates grandes
60 cl (2½ tazas) de vino tinto
1 limón
500 g (1 lb) de caracoles cocidos y sin concha
10 cl (7 cuch) de aceite de oliva
1 ftira maltesa
sal
pimienta

En Malta, tradicionalmente, el estofado de pulpo con alcachofas y caracoles figura en el menú de la Cuaresma y del Viernes Santo. Con una guarnición abundante de tentáculos de pulpo y de carne de caracoles, este plato sustituye muy bien a la carne. Michael Cauchi inscribe muy a menudo este plato en la carta del »Re del Pesce«, su restaurante de Marsascala (al este de Malta).

El chef le desvela su principal secreto: haga salir el máximo líquido de los tentáculos de pulpo, cociéndolos a fuego vivo en el estofado (o *stuffat,* en maltés) en su propio jugo hasta que estén bien tiernos. Cuando los cueza luego acompañados de las verduras y del vino, no dude en añadir un poco de agua si el jugo de la cocción se reduce demasiado mientras que las verduras aún no están cocidas. Los caracoles, por su parte, se cocinan generalmente vivos, aunque para que sea más fácil, nosotros hemos empleado unos ejemplares sin concha y ya cocidos.

Si ha cogido los caracoles durante un paseo por el campo, déjelos ayunar durante unos días en una caja de madera bien cerrada. Luego, limpie bien la concha, lávelos, espolvoree sal y espere a que caquen las babas. Sumérjalos en agua fría, llévelos a ebullición y cuézalos hasta que la carne esté tierna. Después será fácil quitarles las conchas con un pincho de madera.

Para »salsear« este plato original y rico en sabores, los malteses no podían olvidar el *ftira,* un pan local redondo con forma de corona, con un agujero en el centro. En general cocido en un horno de piedra, ofrece una miga blanca muy compacta. Crudo o tostado en el grill del horno, acompañará de una forma deliciosa, el *stuffat.*

Corte los tentáculos del pulpo y cuézalos en una cazuela durante 30 minutos cubiertos con su propio jugo hasta que estén bien rojos. Escurra los tentáculos y páselos a otro recipiente.

En una cazuela, sofría durante 5 minutos en 5 cl (3½ cuch) de aceite, el ajo y la cebolla picados y los tomates en cuartos. Cuando se fundan, añada las láminas de apio, mejorana, albahaca y menta cortadas y los tentáculos del pulpo. (Guarde albahaca para adornar).

Rehogue el preparado con vino tinto. Salpimente. Lleve a ebullición y cueza hasta que las verduras estén tiernas y el líquido se haya reducido a la mitad.

re del pesce

Quite las hojas duras de las alcachofas. Elimine los pelos y córtelas en cuartos. Deposítelas en un recipiente lleno de agua fría y limón.

En el preparado de pulpo, añada los cuartos de las alcachofas y las olivas negras. Lleve a ebullición y cueza durante unos 10 minutos.

Cuando las alcachofas estén tiernas, añada la carne de los caracoles al preparado. Caliente durante 5 minutos. Para servir, eche aceite de oliva, adorne con albahaca y acompañe con ftira maltés.

Atún con salsa

Preparación: 30 min
Cocción: 10 min
Dificultad: ★

4 personas

4 rodajas de atún
100 g (²/₃ de taza) de almendras limpias
4 dientes de ajo
50 g (1³/₄ oz) de miga de pan o de pan rallado
50 g (¹/₃ de taza) de harina

¹/₂ manojo de perejil
mantequilla
5 cl (3¹/₂ cuch) de vinagre de vino
10 cl (7 cuch) de aceite de oliva
sal
pimienta

Decoración :
aceite de oliva con perejil

Particularmente popular en Siracusa, el atún con salsa de almendras es un plato tradicional de Sicilia. Muy refinado, este plato marino se consume normalmente en primavera y en verano, período migratorio de este pescado. De elaboración fácil, este preparado es un bonito homenaje a los productos insulares.

Bordeado por tres mares, el litoral siciliano es extremadamente rico en pescado. Heredada de la presencia española, la pesca del atún, *mattanza,* es un verdadero espectáculo. Profundamente inscrita en las mentalidades, esta técnica arcaica consiste en rodear con unas redes los bancos de pescado.

Vivida como una auténtica fiesta, la *mattanza* comienza siempre con una misa matutina en la que se bendicen los barcos. Con el ritmo de los cantos tradicionales, los pescadores reparten a conciencia sus redes. Tras la captura de los atúnes, los marineros vuelven al puerto en cortejo. Apreciado desde la Antigüedad, el atún posee una carne bastante grasa y perfumada. Para esta receta, también se puede usar emperador.

Cubierto por una salsa de almendras, este plato ilustra perfectamente la riqueza de la gastronomía siciliana. Al crecer en abundancia en la región de Agrigente, los almendros en flor colorean a finales de invierno los magníficos paisajes del valle de los templos.

Conocidos en la época del Imperio Romano con el nombre de »nueces griegas«, estos frutos en forma de huevo integran a menudo las salsas, pastas, carnes y pescados. Si desea mondar las almendras, introducirlas durante unos minutos en agua hirviendo. Escurrirlas. Cuando estén frías, prensarlas delicadamente entre el pulgar y el índice para liberar la piel. Esta especialidad exhala sabores muy queridos por los paladares de los Mediterráneos.

Deposite el pan rallado o la miga de pan en una ensaladera. Vierta 2 cl (4 cuchtas) de vinagre de vino y mezcle con una espátula de madera.

Pele los dientes de ajo. Píquelos. Disponga estos últimos en un mortero. Añada las almendras ya trituradas. Pique. Vierta 5 cl (3¹/₂ cuch) de aceite de oliva y pique nuevamente.

Pase el pan rallado o la miga de pan y el perejil picado al mortero. Salpimente y pique.

de almendras

Vierta el resto de vinagre de vino en el mortero y mezcle con una espátula de madera.

Deposite las rodajas de atún en un plato con harina y enharine el pescado por los dos lados.

Funda la mantequilla en una sartén con 5 cl (3¹/₂ cuch) de aceite de oliva. Añada el atún. Fría, escurra y salpimente. Recubra con salsa de almendras. Disponga el pescado en el plato. Adorne con aceite y perejil.

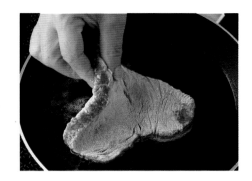

Tians de lubina

Preparación: 40 min
Cocción: 40 min
Dificultad: ★

4 personas

600 g (1¼ lb) de filetes de lubina
12 hojas de espinacas
sal
pimienta molida

Relleno:
200 g (7 oz) de hojas de espinacas
300 g (11 oz) de brocciu (queso corso)
1 huevo
½ manojo de perejil

1 rama de persia (mejorana silvestre)
sal, pimienta

Coulis de tomates:
300 g (11 oz) de tomates bien maduros
2 dientes de ajo
1 cebolla fresca pequeña
12 hojas de albahaca
5 tallos de perejil
5 cl (3½ cuch) de aceite de oliva
sal, pimienta

Decoración (opcional):
tomates cerezas
hojas de albahaca
olivas negras

Extremadamente refinados, los *tians* de lubina al *brocciu* y *coulis* de tomates se distinguen por sus sabores típicamente corsos. Creado por nuestro chef, este plato entremezcla mar y montaña. Enamorado de los productos de su tierra, Vincent Tabarani se inspiró en un relleno basado en el queso, muy popular en su isla y lo mezcló sabiamente con el pescado. De preparación fácil, esta receta debe descubrirse en compañía de amigos.

En otros tiempos en las familias corsas, la joven casada recibía de su suegra como presente de bienvenida el *caghiatu*, leche cuajada. Esta costumbre pastoril ilustra la importancia otorgada desde hace siglos al famoso *brocciu*. Este queso fabricado artesanalmente a partir de lactosuero y leche entera de cabra u oveja, dispone, hoy en día, de una denominación de origen controlada. Con un sabor muy suave, interviene en la elaboración de numerosos platos dulces o salados.

Adecuadamente perfumado con *persia,* mejorana silvestre, el relleno al *brocciu* es un clásico del repertorio culinario corso. Normalmente, condimenta la pasta y en este preparado, casa de maravilla con la lubina. Muy apreciado por los mediterráneos, este pescado, posee una carne fina y muy delicada. Según la disponibilidad, se puede usar dentón o también trucha, abundante en los torrentes de la isla.

Realizados en forma de bolsitas, los *tians* están recubiertos por hojas de espinacas. Originarias de Persia, estas verduras están disponibles en los mostradores de los mercados en primavera y otoño. Ricas en hierro y en vitaminas, las hojas necesitan una limpieza previa con agua corriente. Le sugerimos que en cualquier momento los sustituya por acelgas. Muy coloreados, los *tians* de lubina al *brocciu* y *coulis* de tomates seducirá al gourmet más exigente.

Limpie las hojas de espinacas. Blanquee por separado en agua salada, las hojas de espinacas para el relleno y las 12 restantes para la elaboración de los tians. Enfríe estas últimas en agua helada.

Sofría el coulis, la albahaca y la cebolla cortadas, las colas de perejil picadas y el ajo machacado. Vierta los tomates cortados. Salpimente. Cueza durante unos 30 minutos. Muela.

Para el relleno, mezcle en un recipiente el brocciu, el perejil, la persia y las hojas de espinacas picadas. Salpimente. Añada el huevo. Machaque la mezcla con un tenedor.

al brocciu y coulis de tomates

Quite las espinas de los filetes de lubina y córtelos en piezas de unos 50 g (1³/₄ oz).

Disponga las 12 hojas de espinacas sobre la mesa de trabajo. Sobre ellas coloque un filete de lubina. Salpimente. Añádale el relleno y coloque otra pieza.

Embale el pescado con la hoja de espinacas. Coloque los tians en un plato y recubra con coulis de tomates. Cueza al horno a 180 °C (355 °F), durante unos 8 ó 10 minutos. Emplate.

Carnes y aves de caza

Cabrito a la stretta

Preparación: 40 min
Cocción: 1 h 5 min
Dificultad: ★

4 personas

½ cabrito
5 dientes de ajo
½ manojo de perejil
30 cl (1¼ tazas) de nielluccio (vino tinto)
150 g (5½ oz) de concentrado de tomate
2 hojas de laurel

50 g (⅓ de taza) de harina
6 cl (¼ de taza) de aceite de oliva
sal
pimienta

Polenta:
250 g (1¾ tazas) de harina de castaña
sal

Decoración:
hojas de laurel

En Córcega, el Cabrito a la *stretta* con polenta de castaña es un preparado extremadamente popular. Elaborado para las fiestas de Pascua, este plato tradicional magnifica los sabores de la tierra.

Pastores en lo más profundo de su alma, los habitantes de la »Isla de Beauté« han conservado las costumbres del modo de vida pastoril. En otros tiempos, en las altas tierras de Niolo, la cría de cabras y ovejas representaba la única fuente de ingresos. En la cocina corsa, el cabrito es particularmente apreciado. Este hijo de la cabra, también llamado chivo, es siempre un macho muy joven; las hembras se reservan para la producción de leche. Disponible únicamente antes de las fiestas de Navidad y de Semana Santa, puede ser sustituido por un cordero lechal.

Cocida durante largo tiempo acompañada de vino tinto, su carne desvela múltiples perfumes. La salsa así reducida, *stretta,* que significa estrecha, recuerda los orígenes familia-res de este plato. Enamorado de los productos de su tierra, nuestro chef ha querido utilizar una cepa típicamente corsa, la *nielluccio.* Este vino con el carácter de un tinto profundo ya se producía en la Antigüedad, pero también puede ser sustituido por una variedad del sudeste de Francia.

Este preparado muy copioso también representa una ocasión para descubrir la famosa polenta de castaña, con sabores ligeramente agridulces. Característico de los paisajes de la Castagniccia, el castañar está profundamente inscrito en el patrimonio culinario de la isla.

Alimento básico desde los tiempos más remotos, las castañas están consideradas en la tradición corsa como verdaderas legumbres. Recogidas todavía hoy de un modo tradicional, se ahuman durante un mes antes de ser reducidas a harina en el molino. Disponible en los colmados corsos de diciembre a mayo, este producto puede eventualmente ser sustituido por harina de maíz.

Corte el cabrito. Con un cuchillo, corte las costillas y la pierna a trozos y posteriormente enharine la carne.

En una sartén, caliente el aceite de oliva. Sofría durante 1 minuto cada lado de los trozos de cabrito y las costillas. Salpiméntelos y guárdelos.

Pele los dientes de ajo. Lave el perejil. Con un cuchillo, pique el ajo y corte el perejil. Mézclelo todo. En un recipiente, disponga el concentrado de tomates, la mezcla de ajo y el perejil. Vierta el vino tinto y 15 cl (²/₃ de taza) de agua. Remuévalo.

con polenta de castaña

Deposite la carne guardada en una fuente. Vierta por encima la mezcla con base de vino. Eche las hojas de laurel. Cubra con papel de aluminio. Cueza al horno a 180 °C (355 °F) durante aproximadamente 1 hora.

Para la polenta, vierta la harina de castaña en un tamizador sobre un recipiente.

Caliente 30 cl (2 cuch) de agua salada. Al hervir, vierta la harina de castaña y vaya removiendo con una espátula de madera. Cueza durante 3 minutos. Vierta la polenta en un paño y deje reposar hasta que esté tibia. Disponga el cabrito y la polenta en el plato.

Cabrito a los askolibri

Preparación: 20 min
Cocción: 55 min
Dificultad: ★

4 personas

1 kg (2 lb) de costillas de cabrito
1 kg (2 lb) de cardos (askolibri)
1 limón
2 huevos
2 cebollas secas
15 cl (²/₃ de taza) de aceite de oliva virgen

1 ramito de eneldo
10 cl (7 cuch) de vino blanco
sal
pimienta
1 manojo de eneldo

Típico de la cocina primaveral, este plato reúne para las fiestas la carne tierna del joven cabrito y los tallos bien frescos de los cardos en una salsa griega típica a base de huevos y zumo de limón.

Desde hace 4.000 ó 5.000 años, en Creta, les minoicos ya criaban corderos, cabras y bueyes. Hoy en día, el cordero y el cabrito son las carnes preferidas por los cretenses. Los dos animales son una delicia en la época de Semana Santa y se puede sustituir el uno por el otro en esta receta sin ningún problema. La carne del cabrito cretense es particularmente perfumada: criadas en libertad en las montañas, las cabras se nutren de plantas aromáticas variadas. Las costillas, que ofrecen una bonita presentación en el plato, también se pueden sustituir por otros trozos de carne a su elección.

Mucho más originales, los cardos, llamados en griego askolibri, son plantas salvajes con tallos largos espinosos un poco enrollados y con hojitas dentadas muy pequeñas en los bordes.

En las montañas de Creta, forman pequeños matorrales que parecen alcachofas en miniatura. Ya eran apreciados hace unos 3.000 años, en la época de Homero. Algunos siglos después, los sabios Plinio y Dioscórides recomendaban hacer hervir sus raíces en vino para preparar un limpiador corporal. Hoy en día, las hojas y las raíces de los cardos se consumen en general hervidas, en ensalada. En Creta, incluso se cultivan a pequeña escala para el mercado local. En la receta, también podrá cocinar en su lugar amargón o achicoria salvaje.

La salsa *avgolemono*, que condimenta numerosos *ragouts* y sopas griegas, es de elaboración delicada: los huevos no se deben cocer separados del zumo de limón. Tras haberla echado en la carne, remueva rápidamente la cazuela sobre el fuego, y sírvalo sin esperar.

Corte los pies de los cardos. Raspe las espinas y las hojitas, para así conservar solamente los tallos enrollados sobre sí mismos. Córtelos en pequeños trozos.

Pele y corte en rodajas finas la cebolla. Sofría en aceite de oliva, añada las costillas y dórelas. Rehogue con vino, deje evaporar durante 5 minutos a fuego vivo.

Blanquee los cardos durante 5 minutos en agua hirviendo y, posteriormente, escúrralos.

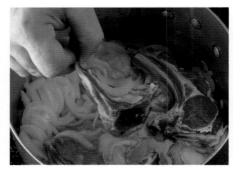

con salsa avgolemono

Vierta los cardos en las costillas. Salpimente. Mezcle y cueza durante 5 minutos. Añada agua hasta cubrir el preparado. Tape y deje cocer durante 30 minutos.

Bata 2 claras de huevo a punto de espuma en un recipiente. Bata separadamente las yemas, y mezcle claras y yemas. Añada el zumo del limón e incorpore poco a poco el jugo de cocción de las costillas batiendo al mismo tiempo.

Justo antes de servir, añada la salsa en la cazuela de carne, mezclando enérgicamente. Adorne con eneldo y sirva inmediatamente.

Cinu ri jaddu

Preparación: 1 h
Cocción: 1 h 5 min
Dificultad: ★★★

4 personas
1 pollo de 800 g (1³/₄ lb)
300 g (11 oz) de sémola precocida
400 g (14 oz) de mejillones
1 cebolla
100 g (3¹/₂ oz) de tomates
70 g (2¹/₂ oz) de hojas de menta
40 g (1¹/₂ oz) de olivas verdes sin hueso

40 g (¹/₃ de taza) de almendra tostada
molidas
4 limones
2 dientes de ajo
1 poco de mantequilla
5 cl (3¹/₂ cuch) de vino blanco
2 cucharadas soperas de aceite de oliva
sal
pimienta negra

Decoración:
peladura de limón
hoja de laurel (opcional)

En dialecto siciliano, el término *cinu ri jaddu significa* »gallo relleno«. Muy rica, esta especialidad tradicional, originaria de la región de Trapani, se elabora esencialmente por las fiestas de Navidad y Semana Santa. Al requerir mucha paciencia y minuciosidad, este plato entremezcla fenomenalmente los sabores marinos y terrestres.

Lo más difícil de esta receta reside en la elaboración del ave. Debe deshuesarlo entero para rellenarlo. Si encuentra dificultades, pida a su dependiente que lo haga por usted. Sepa que normalmente en las familias sicilianas, se prefiere utilizar un gallo de 2 a 3 kg (4–6 lb) . Nuestro chef por su parte ha optado por un pollo, mucho más pequeño e ideal para 4 personas.

Extremadamente copioso, el relleno magnifica sabores típicamente sicilianos: menta, olivas, cebollas, tomates, almendras molidas e incluso sémola. Sin olvidar los mejillones *(cozze)* que abundan en los principales mercados y participan

activamente en el éxito de este plato. Tener cuidado al escoger: deben estar bien cerrados y no deben estar secos. Eliminar los que tengan las conchas rotas o entreabiertas. Antes de cocinarlos, desbárbelos quitando todos los hilos y lávelos con agua corriente con un cepillo. No olvide filtrar luego el zumo de cocción antes de verterlo en el relleno.

Difundida hace algunos siglos por los pescadores tunecinos, la sémola es hoy un producto particularmente estimado en las regiones de Trapani y Pantelleria. Esta última sirve, de hecho, para elaborar un delicioso *couscous* de pescado.

El relleno del pollo, se impregna maravillosamente del perfume de los demás ingredientes. Puede sustituirla por arroz o también por pasta muy pequeña, como saben hacerlo algunos sicilianos.

Deshuese delicadamente el pollo realizando una incisión a lo largo de la columna vertebral par así retirar esta última. Quite el borde esternal y la caja torácica.

Limpie los mejillones. Cuézalos en agua con los dientes de ajo enteros. Filtre el agua de cocción y guárdela. Desmenuce los mejillones.

Vierta la sémola en el agua de cocción de los mejillones y déjela cocer durante unos 4 minutos. Añada la mantequilla y remueva.

Para el relleno, introduzca en el preparado de la sémola, la menta, las olivas y la cebolla picada. Añada los mejillones desmenuzados, los tomates triturados y la almendra en polvo. Salpimente.

Salpimente el polluelo e introdúzcale el relleno. Con la ayuda de hilo y de una aguja de cocina, cosa el ave entera. Rocíela de aceite de oliva. Áselo al horno durante 30 minutos. Guarde el jugo de cocción en un plato.

Coloque el polluelo en el plato. Vierta sobre éste el zumo de los limones y las peladuras de limón. Cueza durante unos 30 minutos a 160 ° C (320 °F). Filtre la salsa. Desglase con vino blanco. Presente el polluelo con la salsa. Adorne con laurel y peladuras de limón.

Costilla de cerdo

Preparación: 35 min
Cocción: 10 min
Dificultad: ★

4 personas

1 carré de cerdo
1 cebolla
150 g (5¹/₂ oz) de pan rallado
2 huevos
80 g (3 oz) de pecorino rallado
50 g (3¹/₂ cuch) de harina

2 raspadas de nuez moscada
1 manojo de perejil
6 cl (¹/₄ de taza) de aceite de oliva
1 poco de mantequilla (opcional)
sal
pimienta

Decoración:
perejil
tomates cereza (opcional)

La costilla de cerdo a la chiaromonte, debe su nombre a una pequeña ciudad, situada a pocos kilómetros de Ragusa, en el corazón de la Sicilia barroca. Muy antiguo, este preparado es el orgullo de los habitantes de esta región. De preparación fácil, este plato de grandes sabores puede ser degustado en cualquier época del año.

En la tradición gastronómica de esta isla mediterránea, la carne de cerdo es a menudo asociada a las fiestas de Navidad. Las costillas se rellenan habitualmente y se acompañan con lentejas, verduras o patatas. Muy tierna, esta pieza del animal, cortada en el chuletero, se consume normalmente muy hecha.

Grandes amantes de rellenos vegetarianos, los sicilianos emplean esencialmente productos simples: cebollas, pan rallado, huevos, *pecorino,* perejil, etc. Sacado originariamente del pan seco, el pan rallado es una constante en esta cocina. Utilizado para enriquecer los preparados, permite una aportación de calorías y facilita también el ligado de las salsas.

Deseada por numerosos pueblos a lo largo de su historia, Sicilia supo sacar provecho de esos repetidos asaltos. Los árabes, cuando se instalaron en el siglo IX, permitieron una notable difusión de las especies de perfume envolvente. Adecuadamente realzado con nuez moscada, el relleno afirma sus influencias orientales.

Este fruto es reconocible por su forma de huevo y su medida, como la de una almendra. Muy a menudo mezclada con lácteos, esta especie es apreciada por su potente sabor. Es preferible emplear la nuez y rasparla ya que el polvo tiene tendencia a perder rápidamente su carácter.

Sorprendente y misteriosa, la cocina siciliana se caracteriza también por la mezcla de la mantequilla y del aceite de oliva, para la cocción de carnes y pescados. Alguno reconocerá seguramente, la herencia de los chefs franceses, llamados en el siglo XIX para ofrecer sus servicios a las familias nobles de la isla.

Prepare el carré de cerdo. Con un cuchillo grande, corte las costillas.

Abra las costillas de cerdo horizontalmente para poder rellenarlas con posterioridad.

En una sartén, sofría la cebolla picada en 3 cl (2 cuch) de aceite de oliva a fuego lento. Espolvoree el pan rallado. Salpimente. Mezcle y deposite el perejil picado.

a la chiaromonte

Fuera del fuego, añada las raspadas de nuez moscada y los huevos. Mezcle. Añada el pecorino rallado y déjelo enfriar.

Con la ayuda de una cuchara, rellene con delicadeza las costillas.

Con hilo de cocina, cosa las costillas, enharínelas y fríalas en una sartén con lo que quede de aceite de oliva y de mantequilla. Quite el hilo. Disponga la carne en el plato. Adorne con tomates cereza y perejil picado.

Calabacineses rellenos

Preparación: 40 min
Cocción: 1 h 5 min
Dificultad: ★★

4 personas

4 calabacines gruesos redondos
1 litro (4 tazas) de caldo de buey
200 g (7 oz) de zanahorias
200 g (7 oz) de guisantes frescos
1 nabo gallego
3 patatas
1 ramita de apio
1 hoja de laurel
1 cucharada sopera de concentrado de tomates

sal
pimienta

Relleno :
500 g (1 lb) de cerdo picado
500 g (1 lb) de buey picado
200 g (7 oz) de filetes de beicon
2 cebollas gruesas
5 dientes de ajo
200 g (7 oz) de miga de pan blanco fresco
150 (5¹⁄₂ oz) g de pan rallado seco
3 huevos
250 g (2¹⁄₄ tazas) de parmesano rallado
1 ramo de perejil
5 cl (3¹⁄₂ cuch) de aceite de maíz

En Malta, las superficies de hortalizas son relativamente pequeñas pero se cultivan con mucho esmero. Unos magníficos calabacines redondos, coliflores, berenjenas, pimientos rojos y verdes, alcachofas y tomates se reparten los favores de los compradores en los mercados locales.

En otros tiempos en el campo maltés, los calabacines rellenos en caldo eran muy apreciados en las familias más modestas: el relleno era bastante »pobre« en carne y »rico« en alimentos económicos, como el pan, del que los malteses son grandes especialistas. No se malgastaba nada en este plato, que aportaba una comida completa: el caldo de cocción servía de sopa, y los calabacines rellenos de plato principal.

En maltés, este plato se llama *qarabali mimli*. Los *qarabali* son unos calabacines redondos de la medida de una pelota de tenis, cubiertos por una piel verde clara. Son una especie típicamente cultivada en Malta y se preparan en general rellenos o hervidos.

Además de los rellenos de carne, se rellenan a menudo con atún o con queso fresco *(feta, ricotta,...)* mezclado con hierbas. Se encuentra también, desde hace pocos años, calabacines largos importados.

La costumbre de enriquecer el relleno con beicon es una influencia de la larga ocupación inglesa. Según nuestro chef, los ingleses dejaron en la gastronomía maltesa huellas muy poco mediterráneas: sandwiches calientes, *puddings* de Navidad, buey al curry e incluso patatas fritas con huevos…

Si no desea cocer sus calabacines en caldo de buey con tomates, los puede ablandar en estofado con un fondo de vino, en una olla puesta sobre el fuego o en el horno. El agua con zumo de limón también servirá para la cocción. Un surtido de pequeñas verduras frescas y coloreadas, cocidas en el caldo, enriquecerá el sabor y la presentación de este plato.

En una olla, dore durante 5 minutos el ajo, la cebolla y el beicon picados. Añada la picada de buey y cerdo. Sofría durante unos 10 minutos a la vez que va removiendo.

En la carne sofrita, añada luego la miga de pan fresco, el pan rallado, el perejil picado y el parmesano. Mezcle bien y deje enfriar.

Corte un »sombrero« en la cima de cada calabacín. Vacíe el interior con la ayuda de una cuchara.

en salsa

En el relleno enfriado, incorpore los huevos batidos y mezcle bien.

Rellene cada calabacín ahuecado con una porción de relleno de carne. En una olla, caliente el caldo al que se le ha añadido concentrado de tomate. Deposite los calabacines rellenos en el interior, tape y cueza durante 30 minutos.

Mientras tanto, corte las zanahorias, el nabo gallego, las patatas peladas y la ramita de apio en cubos gruesos. Desvaine los guisantes y añádalos a los calabacines, así como el laurel, la sal y la pimienta. Cueza durante 20 minutos y tómelo caliente.

Escalope de ternera

Preparación: 20 min
Cocción: 15 min
Dificultad: ★

4 personas

4 escalopes de ternera
1 berenjena
4 lonchas de jamón curado
4 lonchas de pecorino fresco
2 cucharadas soperas de salsa de tomate
8 hojas de albahaca

12 cl (¹/₂ taza) de vino blanco
6 cucharadas soperas de aceite de oliva
sal
pimienta

Decoración:
albahaca

Invadidos varias veces a lo largo de su historia, los sardos experimentaban aún en el siglo pasado un temor real hacia el mar ya que es por el litoral por dónde fenicios, cartagineses, romanos, vándalos y españoles, se introdujeron en la isla. Retirada en las regiones montañosas del interior, la población se especializó rápidamente en la crianza, adornando así su gastronomía con productos de la tierra.

El escalope de ternera *alla barbaricina* es un preparado típico de la Barbaria o Bargagia, una zona empinada, situada en la parte oriental de la isla. Este plato, símbolo de fiesta, se saborea principalmente los domingos, en familia. De preparación fácil, este plato muy delicado seducirá a sus invitados.

Particularmente tierno, el escalope es una pieza sacada de la cadera o de la pierna. En esta receta, la carne, cubierta con jamón curado, rodaja de berenjena, frita anteriormente y pecorino, se revela extremadamente sabrosa.

En Cerdeña, al menos la mitad de la superficie del territorio se destina a la crianza. Grandes amantes de los quesos, los insulares experimentan hacia el *pecorino* sardo una gran predilección. En el escalope de ternera *alla barbaricina*, el *pecorino* aporta toda su suavidad. Hecho exclusivamente con leche de oveja, es particularmente apreciado por los italianos.

Siendo una imagen de la cocina sarda, este plato lleva una salsa de tomate. Para elaborarla, corte en daditos 2 tomates, ¹/₂ cebolla, 1 rama de apio y ¹/₂ zanahoria. Calentar una cuchara sopera de aceite de oliva, añada 1 diente de ajo picado y un poco de perejil cortado. Añada todas las verduras así cómo una hoja de laurel. Cocer durante unos 30 minutos. Salpimente. Espolvorear albahaca y picarlo todo.

Deliciosamente perfumado, el Escalope de ternera *alla barbaricina* debe ser descubierto lo antes posible.

Lave la piel de la berenjena. Quite el pedúnculo. Con un cuchillo, córtela en finas rodajas, a lo largo.

Caliente 4 cucharadas soperas de aceite de oliva. Deposite 4 rodajas de berenjena. Fríalas ligeramente y posteriormente escúrralas con papel absorbente.

En un recipiente para el horno, caliente el resto del aceite de oliva. Deposite las escalopas de ternera y déjelas cocer durante 2 minutos, por cada lado.

alla barbaricina

Rehogue con vino blanco. Salpimente. Cueza durante unos 4 minutos.

Deposite sobre los escalopes las lonchas de jamón. Vierta la salsa de tomate y añada la albahaca picada.

Deposite las rodajas de berenjena sobre el jamón. Recúbralas con lonchas de pecorino. Póngalo en el horno a 200 °C (390 °F), durante 4 minutos. Disponga el escalope en el plato con un cordón de salsa de tomate y adórnelo con la albahaca.

Fricassé de cordero

Preparación: 45 min
Cocción: 2 h 15 min
Dificultad: ★

4 personas

1 espalda de cordero de 1,4 kg (2¼ lb)
200 g (7 oz) de figatellu (salchicha corsa)
800 g (1¾ lb) de col verde
200 g (7 oz) de cebollas gruesas
40 g (1½ oz) de concentrado de tomate
50 cl (2 tazas) de cerveza pietra

50 cl (2 tazas) de fondo de carne
1 manojo de hierbas (laurel y tomillo)
½ manojo de perejil
6 cl (¼ de taza) de aceite de oliva
sal
pimienta de molino

Simple y generosa, la cocina corsa se distingue por su carácter familiar y rústico. Sobre esta isla, de una belleza extraordinaria, los habitantes han vivido durante mucho tiempo en autarquía, habitando pueblos altos colgados en el límite de las nubes. Utilizando solamente los productos de la tierra, las mujeres han desarrollado todas sus habilidades para elaborar platos con múltiples sabores. De preparación fácil, el *Fricassé* de cordero a la col y *figatellu* es una condensación maravillosa de estos preparados tradicionales.

Desde siempre, los corsos han criado ovinos. Esta economía pastoril ha permitido a la gastronomía de la isla enriquecerse con numerosos platos. Criados aún en libertad en las profundidades de la isla, los corderos se alimentan de hierbas silvestres. Su carne ligeramente rosada se revela extremadamente perfumada y sabrosa. Para esta receta, nuestro chef le sugiere sustituir la espalda por el cuello.

Próximo al guiso, este plato afirma sus raíces rústicas por la presencia de la col. Conocida en Europa desde hace más de 4.000 años, esta verdura, que crecía de forma espontánea, se extendió en todo el continente durante la Edad Media. Apreciada por sus virtudes medicinales, supo rápidamente encontrar su lugar como ingrediente básico.

Rico en vitaminas A y C, la col verde posee una textura estampada en la superficie y un sabor suave. Escogerla de hojas bien compactas, sin agujeros, sin roturas, crujientes y rígidas. Cocido durante bastante tiempo, el *fricassé* de cordero se realza con el gusto característico del *figatellu*. Típicamente corsa, esta salchicha con hígado de cerdo, todavía hoy, se elabora artesanalmente en la Castagniccia. Ahumados durante 3 ó 4 días, los *figatellu* se secan después en una habitación aireada. Se consumen fritos en la sartén pero también pueden degustarse braseados. Se pueden sustituir por tocino o salchichón seco.

Con la ayuda de un cuchillo, prepare la espalda de cordero. Corte la carne en trozos de un grosor regular.

Quite las primeras hojas y corte el resto. Una vez cortadas, lávelas con agua corriente.

Corte el figatellu en rodajas gruesas y sofríalo. En la misma sartén, sofría el cordero. Salpimente y guarde ambos.

con col y figatellu

En la misma sartén, funda las cebollas cortadas. Añada la col y cueza durante unos
10 minutos. Rehogue el concentrado de
tomate con 50 cl (2 tazas) de fondo de carne. Vierta la mezcla en el preparado de col.

Vierta la cerveza pietra y cueza durante
unos 30 minutos. Introduzca el manojo de
hierbas.

Disponga los trozos de cordero y de
figatellu guardados. Cueza, tapado durante
más o menos 1 hora y media. Espolvoree
el perejil picado y emplate.

Jarrete de cerdo con

Preparación: 30 min
Remojo de los garbanzos: 1 noche
Cocción: 1 h 20 min
Dificultad: ✫

4 personas

800 g (1³/₄ lb) de jarrete de cerdo deshuesado
300 g (11 oz) de garbanzos
100 g (3¹/₂ oz) de cebollas
8 cl (¹/₃ de taza) de aceite de oliva

100 g (3¹/₂ oz) de tomates bien maduros
sal
pimienta

En otros tiempos, en la región del monte Psiloriti, en el centro de Creta, se iniciaban los banquetes la noche anterior a la boda. En esa ocasión, los padres de la novia ofrecían a su futuro yerno un plato de cerdo con garbanzos, acompañado de un buen vino. Esta tradición aún se practica hoy en día, pero los huéspedes ofrecen unas rosquillas con hierbas o pasteles.

De los trozos de cerdo, es el jarrete el que más conviene para elaborar este plato. Pero en cualquier caso se puede emplear el espinazo, entero o deshuesado. La carne seleccionada deberá ser tierna, sin tener demasiada grasa. No dude en perfumar el plato con laurel y comino, que casan de maravilla con el cerdo y el tomate y son un placer para los gourmets cretenses. También puede probar esta receta con jarrete de buey o de cordero.

La carne de cerdo puede encontrarse frecuentemente en los platos cretenses. En otras épocas, el cerdo familiar se mataba en Nochebuena.

Todo el mundo podía entonces comer carne y embutidos en abundancia, muy apreciados tras siete largas semanas de ayuno. Algunas piezas se consumían frescas, las piernas se ahumaban sobre la chimenea y otros trozos se confitaban en la grasa. Todas estas delicias condimentaban el menú del domingo o de los días de fiesta.

Amantes de las legumbres energéticas y fáciles de conservar, los cretenses consumen muchos garbanzos, que van muy bien con los cereales, las verduras y las carnes. Adoran rociarlos con salsa de tomate, o con una mezcla de harina y zumo de limón. También los sirven en *mezze*: en puré con aceite de oliva y con limón, hervidos en ensalada o asados y salados, acompañados por un indispensable vaso de *ouzo*.

Para adornar y perfumar el preparado puede añadirle eneldo o perejil cortados.

Meta los garbanzos en remojo durante una noche en un recipiente lleno de agua fría. Al día siguiente, escúrralos y blanquéelos rápidamente. Escúrralos de nuevo, y déjelos cocer durante 30 minutos en agua (primero con agua fría), espumando regularmente.

Corte el jarrete de cerdo a dados. Pele y pique las cebollas.

En una olla, dore la picada de cebolla durante 5 minutos en el aceite de oliva. Añada los trozos de cerdo y mezcle sobre el fuego hasta que cojan color.

garbanzos a la cretense

Corte los tomates en dos y rállelos sobre un bol grande.

Rocíe los cubitos de cerdo dorados con la pulpa de los tomates. Salpimente. Cueza durante 20 minutos.

Pasado este tiempo, añada los garbanzos cocidos y escurridos. Continue la cocción durante 10 minutos más, añadiendo agua si es necesario. Sirva caliente.

Conejo a la crema de cebollas

Preparación: 1 h
Cocción: 1 h 50 min
Dificultad: ★★★

4 personas

1 conejo de 1,5 kg (3¼ lb)
4 cebollas gruesas
12 langostinos gruesos de Sóller
3 tomates de Mallorca
½ cabeza de ajo
1 hoja de laurel
1 ramita de tomillo
3 ó 4 tallos de cebollino
3 ó 4 tallos de perejil

1 cucharada sopera de pimentóu
30 cl (1¼ de taza) de brandy
1 pimiento picante ñora seco
100 g (²/₃ de taza) de harina
aceite de oliva
pimienta
sal

Majado:
2 dientes de ajo
4 ó 5 tallos de perejil
1 ramita de tomillo fresco
½ hígado de conejo
aceite de oliva

El archipiélago de las Baleares fue conquistado en 1229 por el rey Jaime I de Aragón, aliado de los condes de Barcelona. Estos últimos llevaron a las Baleares su lengua y su cultura. Hoy en día, la cocina y los productos alimenticios locales se parecen a los de Cataluña. Sucede lo mismo con los platos de carne con marisco y pescado, llamados de una bonita forma en Cataluña, *mar i muntanya* (»mar y montaña«). Chef en Palma de Mallorca, Óscar Martínez Plaza asocia a menudo los langostinos de Sóller con el conejo a la crema de cebolla.

Aunque la carne de cerdo es la más consumida en las Baleares, sus habitantes aprecian también los platos de conejo. Para una presentación más bonita, nuestro chef le aconseja apretar cada pierna con los dedos para que salga el hueso. Para esta receta, puede también emplear pollo, que acompañará el sabor de los crustáceos. Compuesta de hierbas y verduras, la salsa del conejo es rica en colores y perfumes.

En Mallorca, los pimientos picantes ñora y los tomates se preparan tradicionalmente del mismo modo: ligados con hilos a un cordel, se cuelgan en las paredes de las casas y se secan al sol. Siempre empleados muy secos, los pimientos picantes ñora han de ser rehidratados antes de ser usados. Cuando estén blandas, ábralas y raspe la pulpa con un cuchillo.

En el noroeste de Mallorca se abre la magnífica bahía natural de Sóller. En esta vieja y próspera villa balnearia, con estilo *art déco,* los pescadores destinan la mitad de su flota a la captura de los langostinos, una magnífica guarnición para este plato.

En la receta habitual, los cocineros introducen los trozos de conejo en el horno. Nuestro chef prefiere, por lo contrario, sofreír la espalda por separado, para preservar su suavidad y su delicado sabor. Cortado en trozos, combinará muy bien con cebollas fritas y cebollino.

Con un cuchillo de carnicero, saque las patas, la carne del cuerpo y la espalda del conejo. Guarde la espalda y corte los otros trozos. Espolvoréelos con sal, pimienta, harina y dórelos en aceite durante 10 minutos. Guarde la carne fuera de la cazuela y meta el pimiento ñora en remojo.

Sofría el ajo en el aceite de cocción del conejo. Añada las cebollas cortadas finas (guardar ½ cebolla) y un manojo de hierbas con laurel, tomillo, cebollino y perejil atados. Añada 10 cl (7 cuch) de brandy y caliente hasta la evaporación del alcohol.

Añada los trozos de conejo fritos y agua hasta cubrir el preparado. Cueza durante 45 min, hasta que el conejo esté bien tierno.

y langostinos de sóller

A parte, saltee el hígado de conejo. Píque-lo en majado con ajo, perejil y tomillo, y añada al conejo.

Desmenuce los langostinos y guarde la carne. En una cazuela, saltee durante 5 mi-nutos las cabezas y los caparazones de los langostinos (guarder la carne). Añada 1 to-mate picado y 20 cl ($^3/_4$ generosos de taza) de brandy. Funda 10 minutos a fuego vivo y filtre la salsa.

Cocer las rodajas de la media cebolla guar-dada, enfriarlas y secarlas. Enharinarlas y freírlas. Salpimentar y echar aceite a la es-palda de conejo guardada y dorarla. Dorar la carne de los langostinos a parte. Servir el preparado bien caliente junto con la salsa.

Conejo

Preparación: 50 min
Cocción: 40 min
Dificultad: ★

4 personas

1 conejo de 1 kg (2 lb)
2 cebollas
1 corazón de apio
2 zanahorias
300 g (11 oz) de tomates
50 g (¹/₃ de taza) de harina
1 manojo de perejil

1 manojo de albahaca
150 g (5¹/₂ oz) de olivas verdes sin hueso
50 g (1³/₄ oz) de alcaparras
1 pimiento picante rojo pequeño seco
10 cl (7 cuch) de vino tinto
10 cl (7 cuch) de vino blanco
1 poco de mantequilla
7 cl (5 cuch) de aceite de oliva
sal

Decoración:
hojas de albahaca

Delicioso, el Conejo Angelino es un plato familiar particularmente apreciado por los habitantes de Caltagirone. Capital de la cerámica, esta villa, situada en la Sicilia profunda, vive aún al ritmo de las tradiciones sicilianas. Nuestro chef, originario de esta ciudad, ha »soleado« adecuadamente este plato enriqueciéndolo con olivas y alcaparras. De preparación fácil, este preparado puede ser saboreado en cualquier época del año.

Grandes amantes del conejo, los sicilianos lo cocinan tanto asado como guisado. Durante las fiestas de Semana Santa, lo condimentan con piñones y pasas. Famoso por su carne densa y sabrosa, casa de maravilla con el perfume de los demás ingredientes. Escoja un conejo corto, escogido con la espalda redonda, el hígado pálido y sin manchas. En la época de caza, elegir un conejo de monte que resulta muy sabroso.

Rico en aromas, este plato ilustra de maravilla la sutileza de la cocina siciliana.

Llamado sedano, el apio se distingue en numerosas especialidades insulares. Famoso por su frescor y su textura crujiente, reafirma su carácter en este plato. Junto con las zanahorias y las cebollas, esta hortaliza se revela indispensable. Disponible durante todo el año, el apio debe estar muy verde exteriormente, firme y sin marchitamientos.

El Conejo Angelino así condimentado es una pura delicia. Las olivas, muy apreciadas por los Mediterráneos, coronan con maestría este plato del sur de Italia. Crecen en abundancia en las islas Eólicas y en la región de Biancavilla, cerca de Catania. Los olivos fueron plantados en Sicilia desde la Antigüedad. En la época del imperio romano, la elaboración del aceite de oliva originó una verdadera industria, regida por l'*arca olearia,* una bolsa de mercancías, que permitía controlar el curso de este lucrativo mercado.

Tras haber quitado el hígado del conejo, separe la caja torácica del cuarto trasero en el nivel de la junta de las costillas y de la espalda. Quite las piernas. Córtelas. Corte la espalda en trozos de un grosor regular.

Prepare las hortalizas: pele las zanahorias y córtelas en rodajas. Lave el apio, la albahaca y el perejil. Córtelos. Pele y pique las cebollas. Pele y triture los tomates.

En una sartén, caliente 3 cl (1¹/₄ tazas) de aceite de oliva con mantequilla. Añada los trozos de conejo anteriormente enharinados y dórelos durante unos 10 minutos. Escúrralos con papel absorbente y guárdelos.

Angelino

Sofría en el aceite de oliva restante, las cebollas picadas. Añada el apio. Cueza durante unos 5 minutos. Introduzca las zanahorias, las alcaparras, la albahaca y el perejil. Mezcle. Espolvoree el pimiento picante picado. Sale e introduzca los tomates.

Mezcle el preparado de verduras. Introduzca las olivas verdes cortadas en rodajas y cueza durante unos 5 minutos.

Deposite los trozos de conejo en un plato para el horno. Cúbralos con el preparado de verduras. Vierta el vino blanco y el tinto. Cueza a 170 °C (340 °F) durante unos 20 minutos. Disponga el conejo en el plato con la guarnición. Adorne con albahaca.

Pollo de granja al vino

Preparación: 40 min
Cocción: 45 min
Dificultad: ★

4 personas

1 pollo de granja de 1,4 kg (3¼ lb)
400 g (14 oz) de pimientos rojos
400 g (14 oz) de pimientos verdes
400 g (14 oz) de tomates
1 cebolla
8 dientes de ajo

1 manojo de laurel y tomillo
75 cl (3 tazas) de vino tinto
½ manojo de perejil
6 cl (¼ de taza) de aceite de oliva
sal
pimienta molida

En el repertorio culinario corso, los platos guisados ocupan un lugar destacado. Extremadamente sabroso, este plato con detalles de la tierra se degusta normalmente en familia. El Pollo de granja al vino tinto y pimientos es un preparado tradicional, muy apreciado en la »Ile de Beauté«.

Intransigente en cuánto a la calidad de los productos, Vincent Tabarani, embajador de la asociación »Cucina Corsa«, (cocina corsa), no puede concebir la elaboración de esta receta sin la aportación de un ave criada al aire libre. Situada en el sur de Bastia en la llanura oriental, la población de Linguizetta es famosa por sus excelentes pollos de granja. Según nuestro chef, su carne suave es una verdadera delicia. Según los gustos, también puede usarse ternera.

Muy tipificado, este plato se impregna del rico y aterciopelado olor del vino tinto. A menudo usado para condimentar las carnes y animales de caza, este brebaje ofrece su potente perfume. Le sugerimos optar por un vino joven fuerte y bien equilibrado.

Esta llanura del interior es un maravilloso concentrado de sol. El pollo, muy bien relacionado con el aceite de oliva, el ajo, la cebolla y hierbas aromáticas, se realza con los sabores de los tomates y los pimientos. Símbolos del verano, estas legumbres, originarias del Nuevo Mundo, son hoy inseparables de la gastronomía mediterránea.

Apreciados por su carne tierna y muy dulce, los pimientos rojos conservan esta calidad durante la cocción. En cuánto a los verdes, recogidos antes de su madurez, se revelan crujientes y ligeramente picantes. Consumidos a menudo crudos en ensalada con o sin piel, dan un toque de color a los mostradores de los mercados corsos. Escójalos muy maduros, lisos, sin manchas y con el pedúnculo bastante verde y rígido. El pollo al vino tinto y pimientos se puede saborear en cualquier época del año.

Practique una incisión a la piel del pollo al lo largo de la columna vertebral. Quite las patas. Delimite cada cuarto. Despegue la carne pegada a la carcasa y los nervios. Corte los huesos de las costillas desde la punta del borde esternal. Quite las alas.

Monde los tomates para pelarlos. Tritúrelos. Corte la cebolla muy fina. Quite las pepitas y corte en láminas finas los pimientos verdes y rojos. Pique los dientes de ajo con la punta del cuchillo.

En una olla, caliente el aceite de oliva. Deposite los trozos de pollo. Sofría durante algunos minutos. Salpimente.

tinto y pimientos

Deposite la cebolla cortada en el preparado de pollo. Mezcle y dore durante unos 5 minutos.

Desglase con vino tinto. Deposite los dientes de ajo en camisa así cómo el manojo de hierbas. Vierta los tomates triturados. Cueza a fuego vivo durante 20 minutos.

Añada los pimientos. Rectifique el aderezo. Cueza a fuego lento durante unos 15 minutos. Espolvoree el perejil picado y emplate.

Ragout de cordero

Preparación: 30 min
Cocción: 40 min
Dificultad: ★

4 personas

1 kg (2 lb) de pierna de cordero
600 g (1¼ lb) de habas frescas
6 hojas de menta
2 cebollas
25 cl (1 taza) de caldo de oveja
5 cucharadas soperas de aceite de oliva
sal
pimienta

Salsa de tomates:
200 g (7 oz) de tomates
1 cebolla
1 diente de ajo
1 zanahoria
1 ramita de apio
1 hoja de laurel
3 hojas de albahaca
2 cucharadas soperas de aceite de oliva
sal
pimienta

Decoración:
hojas de menta

Cuando los sardos festejan algún acontecimiento lo hacen siempre alrededor de la mesa. En la tradición culinaria de esta isla, el *Ragout* de cordero a las habas frescas se saborea esencialmente en familia. Extremadamente sabroso, este plato, reivindica sus orígenes.

Pastores en lo más profundo de su alma, los habitantes de Cerdeña han elaborado a lo largo del tiempo una cocina esencialmente pastoril. En otros tiempos, en la trashumancia, los hombres se nutrían de forma simple: quesos, pan, aceite de oliva,etc. Si por alguna razón consumían carne, siempre la comían hecha. Cuando volvían, las mujeres elaboraban entonces potentes *ragouts,* con sabores excepcionales.

De preparación fácil, este plato le otorga el protagonismo a la pierna de cordero. Muy perfumada, esta pieza es particularmente cotizada. Combinada con el aceite de oliva y las cebollas, casa de maravilla con la frescura característica de la

menta. Crece de forma espontánea en Cerdeña, es aromática y también un estimulante eficaz para el organismo.

Muy consistente, el *ragout* de cordero está acompañado por habas. Originarias de Persia, estas legumbres son apreciadas en la cuenca mediterránea desde la Antigüedad por su sabor y delicadeza, y por ser ricas en prótidos y vitaminas, incluso secas. Son de la misma familia que los guisantes, a los que pueden sustituir.

Siempre presentes en la gastronomía insular, los tomates *(pomodori)* también los encontramos en este plato. Es necesario escogerlos firmes, carnosos, lustrosos y de color uniforme. Los tomates crecen al sol y sobre suelos irrigados y se encuentran muy bien en Cerdeña, desde donde se exportan al continente italiano.

Desvaine las habas frescas. Blanquéelas en una cacerola con agua salada durante unos 4 minutos. Enfríelas en un recipiente con agua muy fría y escúrralas.

Con la ayuda de un cuchillo, corte la pierna de cordero en trozos de un espesor regular.

Sofría los trozos de cordero en aceite muy caliente. Una vez sofritos, guarde la carne.

con habas frescas

En la misma sartén, sofría 2 cebollas corta-das muy finas. Deposite los trozos de cor-dero. Vierta el caldo y cueza durante unos 25 minutos.

Para la salsa, sofría el ajo y la cebolla cor-tados en daditos. Añada los dados de tomates, zanahoria, apio y la hoja de laurel. Salpimente. Cueza durante 30 minutos. Añada la albahaca. Pique. Vierta la salsa en el cordero.

Salpimente el preparado de cordero. Añada la menta picada y las habas. Cueza durante unos 10 minutos. Emplate y adorne con la menta.

Rollos de pies de cerdo

Preparación: 1 h
Cocción: 2 h
Refrigeraciòn de los rollos: 1 noche
Dificultad: ★★

4 personas

8 pies de cerdo
3 zanahorias
2 cebollas
2 puerros
2 hojas de laurel

2 ramitas de tomillo
4 ó 5 ramitas de perejil
1 sobrasada
500 g (1lb) de caracoles de viña cocidos y sin concha
50 cl (2 tazas) de caldo de carne
40 cl (1¹/₃ tazas) de aceite de oliva
sal

A los habitantes de las Baleares les gusta la carne de cerdo en todas sus formas, desde tiempos remotos. Muy consumidos en Mallorca, los pies de cerdo son, generalmente, servidos en una salsa de verduras y alcaparras. En Xoriguer, restaurante muy famoso de Palma, Bartolomé-Jaime Trias Luis ha preparado unos pies rellenos de sobrasada, enrollados en hojas de puerro y acompañados de caracoles en salsa.

Antes de ser utilizados, es preferible eliminar bien los pelos que quedan en los pies, rascando con una maquinilla de afeitar. Tras una larga cocción en un caldo de verduras (puede dejarlos unas 3 horas si lo desea), se deshuesarán muy fácilmente para rellenarlos de sobrasada: este embutido típico de las Baleares encierra una carne perfumada y coloreada con pimentón. La más famosa es la de cerdo negro local criado en los bosques.

Para enrollar los pies de cerdo, tomar unos puerros anchos dotados de grandes hojas, que permitirán cubrirlos enteros.

Después de haberlos hervido, enfriarlos en agua fría para conservar su vivo color verde. Poner un pie de cerdo relleno sobre una hoja de puerro, cortar los bordes para que tengan la misma anchura que el enrollado y envolver el preparado.

Algunos pequeños gasterópodos se añaden a la salsa de presentación. Los habitantes de las Baleares aprecian, muy en particular, los caracoles: por tradición cada segundo lunes de mayo, todos van a recoger, y los acomodan después con todo tipo de salsas.

El jugo de sobrasada aportará el último toque de originalidad: con la parte cóncava de una cuchara, machacar de forma regular la carne de la sobrasada en el aceite caliente, hasta que ésta tome un color rojo intenso; pero el aceite no debe quemar, porque entonces quemaría el *paprika* y su gusto quedaría desnaturalizado.

Parta los pies de cerdo en dos. En una olla, introduzca el caldo, las zanahorias, los puerros, las cebollas cortadas en trozos gruesos, sal, 1 manojo de hierbas (hoja de laurel, ramita de tomillo y 2 tallos de perejil) y los pies de cerdo. Lleve a ebullición. Cueza durante 1 h 30 min.

Cuando los pies estén bien tiernos pero no deshechos, sáquelos del caldo y guarde éste. Deje que los pies se entibien y pase a deshuesarlos.

Corte la sobrasada en lengüetas de 7 a 8 cm (2³/₄–3 in) de largo por 1 cm (¹/₃ in) de ancho. Rellene los pies de cerdo. Enrolle cada uno en papel film y guarde en la nevera hasta el día siguiente.

de bartolomé

Abra los puerros, límpielos y cuézalos. Desembale los pies rellenos y corte limpiamente las extremidades. Enrolle cada rollo con 2 ó 3 rectángulos de hoja de puerro.

En una cazuela, vierta el jugo de cocción de los pies y los caracoles. Déle un hervor. Añada un manojo de hierbas (tomillo, laurel y perejil). Lleve de nuevo a ebullición y deje reducir hasta que la salsa esté ligada.

Desmigue el interior de un trozo de sobrasada. Sumérjalo en un fondo de aceite caliente y mezcle sobre el fuego para que el aceite se ponga rojo y fíltrelo posteriormente. Presente los pies rellenos acompañados de los caracoles en salsa, el jugo de sobrasada y de trozos de sobrasada sofrita.

Salteado de conejo

Preparación: 35 min
Marinado del conejo: 6 h
Cocción: 30 min
Dificultad: ★★

4 personas

2 conejos pequeños
6 dientes de ajo
3 hojas de laurel
3 ramitas de romero
40 cl (1²/₃ tazas) de vino blanco

250 g (9 oz) de guisantes frescos desen-
vainados
30 cl (1¹/₄ tazas) de caldo de buey
10 cl (7 cuch) de aceite de maíz

Marinado:
50 cl (2 tazas) de vino blanco
1 hoja de laurel
2 dientes de ajo
sal
pimienta

Desde 1530 en Malta, la fiesta de San Pedro y Pablo se celebra el 29 de junio. También se llama *Imnarja,* (de »lumina-
ria«, o »festival de las luces«) en referencia a las iluminacio-
nes de la catedral de Mdina, antigua capital de Malta. Desde
la noche del 28 de junio, numerosas familias se instalan en
los jardines de Buskett y en los pequeños bosques que rodean
Mdina.

La finalidad es la de estar de fiesta durante toda la noche y el
día siguiente. Es entonces la ocasión para bailar, cantar y saborear la *Fenkata,* comida basada en platos de conejo inclu-
yendo espaguetis con salsa de conejo *(spaghetti biz-zalza tal-
fenek)* seguidos por un *Sauté* al ajo y vino blanco *(fenek
moqli).*

El preparado se acompaña generosamente con vino local. La
gente asiste también a festejos públicos: feria agrícola, cantos
folklóricos, presentaciones de bandas y carreras de caballos.

Los gourmets malteses sitúan el conejo, que llaman *fenek,* en
la primera fila de sus carnes preferidas. En otros tiempos, el
pequeño roedor estaba muy extendido en los campos de Malta y Gozo. Pero hoy en día, se consume sobre todo conejo
chinchilla de crianza, sea frito, en *ragouts,* en tortas o en salsa para untar la pasta.

El marinado permitirá perfumar los trozos de conejo destinados al *sauté.* Una vez macerado, escurrir delicadamente la
carne en un colador y limpiarla con un paño. Así, el conejo
podrá dorar mejor en la fritura y a su vez , el aceite caliente
no salpicará.Tras haberlo cocido en el caldo al vino (blanco
o tinto), algunos cocineros cubren el conejo con una masa,
transformándolo así en una torta sabrosa.

Para enriquecer la degustación, su *sauté* se acompañará de
manzanas fritas o incluso de pan muy crujiente.

Con la ayuda de un cuchillo de carnicero, corte los conejos en pequeñas porciones.

Para el marinado, deposite la carne en un recipiente. Añada el laurel, el vino blanco, el ajo pelado, sal y pimienta. Añada agua hasta cubrir el preparado. Meta en la nevera y deje marinar durante 6 horas.

Después de este tiempo, escurra los trozos de conejo en un colador. Y límpielos bien, frotándolos con un paño grande.

al ajo y vino blanco

Caliente 10 cl (7 cuch) de aceite en una sartén. Cuando esté bien caliente, vierta los trozos de conejo y mezcle sobre el fuego durante unos 10 minutos. Cuando adquieran un buen color, elimine una parte del aceite. Añada el ajo picado y dore 5 minutos.

Posteriormente, añada el romero, el laurel y el vino blanco. Tápelo y cuézalo a fuego lento durante unos 10 minutos, mezclando de vez en cuando hasta que el vino se haya absorbido por completo.

Añada el caldo de buey y los guisantes. Continue con la cocción durante unos 5 minutos más hasta que el conejo esté tierno, añadiendo un poco de caldo si es necesario.

Postres

Bizcocho de harina

Preparación: 35 min
Cocción: 30 min
Dificultad: ★

4 personas

3 huevos
100 g (1 taza rasa) de azúcar en polvo
6 cl (¹/₄ de taza) de leche
200 g (1¹/₃ tazas) de harina de castaña
¹/₂ sobrecito de levadura

30 g (3 cuch) de harina
8 cl (¹/₃ de taza) de aceite de oliva

Napado :
120 g (4 oz) de chocolate negro
6 cl (¹/₄ de taza) de zumo de naranja
3 cl (2 cuch) de aceite de oliva

Típico de Córcega, el bizcocho de harina de castaña es una preparación tradicional. En esta magnífica isla bordeada por el Mediterráneo, el castaño está considerado desde los tiempos más remotos como un auténtico árbol del pan.

Antaño, ofrecía sus frutos con generosidad en época de carestía. Fácil de hacer, este pastel muy consistente, recubierto de chocolate, se saborea habitualmente en otoño e invierno. Auténtico emblema de Córcega, al igual que el jabalí, la castaña participa en la elaboración de numerosas especialidades, entre las cuales encontramos la célebre *pulenda*.

Años atrás, los banquetes de bodas que se celebraban en las regiones de Orezza, Cervione y Alessani, contaban aproximadamente con 22 platos distintos a base de esta harina.

Situada entre los 500 y los 1.000 m (1.640–3.280 ft) de altitud, la Cartagniccia, lugar del cual es oriundo nuestro chef, posee

10.000 hectáreas de castaños. Recogidas a mano, las castañas se transportan después a los desvanes de las casas y serán repartidos sobre la *grata,* suelo de tablas de madera, separadas entre sí por unos centímetros. Durante un mes, estarán sometidas tanto al efecto del humo como del calor que sube del *fucone,* la chimenea, auténtica alma del hogar. Tras esta operación, se llevan las castañas al molino y son reducidas a harina.

Especialmente solicitada por su aroma dulce y abizcochado, la harina de castaña se revela indispensable para la elaboración de estos bizcochos. Sepa que este producto está sobre todo disponible en los meses de diciembre y mayo. Con el fin de conservarlo bien, los corsos lo vierten en un recipiente de cristal.

Apreciado hoy en día en el mundo entero, el chocolate fue introducido en Córcega muy tarde. Si desea fundirlo al baño María, vigile la temperatura porque ésta no debe superar los 50 °C (122 °F).

Engrase ligeramente el molde con aceite de oliva y enharínelo. Póngalo en la nevera el tiempo que dure la preparación de la receta. Ponga en un recipiente las yemas de huevo y el azúcar. Haga blanquear la mezcla con la ayuda de un batidor.

Vierta el aceite de oliva. Bátalo y posteriormente vierta la leche.

Bata las claras a punto de nieve e incorpórelas con cuidado. Mezcle.

de castaña

Tamice la harina de castaña con la levadura. Viértalas con cuidado en el recipiente y mézclelo todo con el batidor.

Precaliente el horno a 150 °C (300 °F). Trasvase la mezcla al molde y manténgalo dentro durante 30 minutos.

Haga hervir el zumo de naranja con 3 cl (2 cuch) de agua. Añada los trozos de chocolate. Hágalo fundir retirado del fuego. Vierta aceite de oliva y mientras no deja de remover la mezcla. Recubra el bizcocho de castaña de chocolate y emplátelo.

Biancomangiare

Preparación: 40 min
Cocción: 40 min
Refrigeración del
biancomangiare: 6 h
Dificultad: ☆

4 personas

75 g (2¹/₂ oz) molidas de almendras
70 g (²/₃ de taza) de azúcar en polvo
45 g (¹/₃ de taza) de almidón de trigo o de maíz
2 limones

Salsa de limón:
3 huevos
70 g (5 cuch) de mantequilla
3 limones
120 g (4 oz) de azúcar en terrones

Decoración:
canela en polvo
cáscaras de naranja

Extremadamente antiguo, el *biancomangiare* es parecido a una jalea de almendras. Especialmente popular en la región de Modica, esta especialidad siciliana se saborea tradicionalmente en verano, en el desayuno o en la merienda.

Hay que remontarse a la Edad Media para encontrar las premisas del *biancomangiare*. En aquella época, los insulares preparaban un alimento salado del mismo nombre muy reconstituyente para los enfermos y las jóvenes madres. Se trataba en realidad de un caldo a base de leche de almendras al cual se le añadía pollo y numerosas especias. Con el paso del tiempo, el *biancomangiare* se ha convertido poco a poco en un postre.

Deliciosa, esta preparación fácil de hacer, se engalana de sabores típicamente sicilianos. Las almendras, auténticas estrellas de este plato, forman parte de la cocina insular y de la elaboración de numerosas especialidades azucaradas entre las que destacan el mazapán, el turrón y la pasta real. Al cre-

cer en abundancia en Agrigento y Siracusa, los almendros ofrecen al final del invierno cuando florecen, un espectáculo maravilloso.

Tradicionalmente, la »crema« del *biancomangiare* se vierte en moldes que representan figuritas del folklore tradicional. En las familias sicilianas, se presenta a continuación la jalea en una hoja de limonero. Asimismo, Giuseppe Barone ha querido utilizar el zumo de este cítrico con el fin de confeccionar una salsa.

Famosa en el mundo entero por la excelencia de sus limones, Sicilia cultiva numerosas variedades: »verdello«, »monachello«, »femminello«, etc. Introducidos por los árabes, estos árboles, sin duda originarios de la India, prosperaron muy rápidamente en la isla gracias a un ingenioso sistema de irrigación. Para la elaboración de la salsa, es imprescindible lavar bien la corteza de los limones con agua tibia. Muy refrescante, el *biancomangiare* colmará de placer a todos los golosos.

Lave 2 limones. Pélelos. Haga blanquear las cortezas en 50 cl (2 tazas) de agua, unos 2 minutos. Escurra y reserve el agua.

Deposite el polvo de almendras en un tul. Cierre la tela como una bolsa. Báñela en el agua guardada anteriormente y exprima continuamente para hacer salir la leche de almendras. Filtre la preparación.

Vierta el azúcar y el almidón en la preparación filtrada. Haga cocer, a fuego muy lento, mezclando con el batidor, con el fin de obtener una crema.

con salsa de limón

Vierta la crema en moldes humidificados con antelación y déjela reposar 6 horas en la nevera.

Para la salsa, lave cuidadosamente los limones. Con el azúcar en trozos, ralle las cortezas y exprima el zumo.

En una cazuela, deposite los huevos, el azúcar, la mantequilla y el zumo de los limones. Haga cocer al baño María batiendo continuamente. Saque del molde el biancomangiare. Vierta un poco de salsa y decórelo con cáscaras de naranja y canela.

Cannoli

Preparación: 50 min
Refrigeración de la pasta: 2 h
Cocción: 15 min
Dificultad: ★★

8 personas

aceite vegetal para freír
5 g (1 cuchta) de manteca
50 g (¹/₃ de taza) de harina

Relleno:
500 g (1lb) de ricotta
300 g (2³/₄ tazas) de azúcar en polvo

25 g (1 oz) de pepitas de chocolate
25 g (1 oz) de almendras machacadas
¹/₂ palito de canela

Pasta:
500 g (3¹/₃ tazas) de harina
70 g (²/₃ de taza) de azúcar e polvo
70 g (5 cuch) de manteca
15 cl (²/₃ de taza) de vino tinto
1 huevo
sal

Decoración:
azúcar escarchado

Tan conocidos como la *cassata,* suntuoso pastel festivo, los *cannoli* sicilianos son deliciosos »puros« de pasta frita forrados de *ricotta.* Asociados antaño con el período del carnaval, estos dulces se saborean hoy en cualquier época del año. Fáciles de hacer, los *cannoli* se ofrecen generalmente a los invitados.

Multiétnica, la cocina siciliana conlleva numerosas influencias orientales. La presencia árabe comprendida entre los siglos IX y XI en la isla ha contribuido intensamente a enriquecer buen número de platos. Los *cannoli,* especialidad conocida internacionalmente, tienen, con toda seguridad, su origen en esta época. Según las ciudades, el relleno se adorna con frutas confitadas, pistachos o crema pastelera. En Palermo, lleva calabaza y naranjas.

Cada familia siciliana posee su propia receta. Incluso la confección de la pasta de los »puros« se salva de esta regla. Algunos utilizan chocolate para colorearla.

Otros, como nuestro chef, prefieren emplear vino tinto. A veces la manteca es sustituida por mantequilla. Aunque las variantes estén en boga, no se piensa en absoluto en modificar la forma de los *cannoli.* Estos »puros« son tradicionalmente confeccionados con la ayuda de cañas de bambú cilíndricas. La pasta cortada en círculos, de unos doce centímetros, es enrollada de esta manera y luego sumergida directamente en aceite.

Muy untuoso, el relleno pone en evidencia a la *ricotta.* Reina de los quesos sicilianos, significa »recocida«. Fabricada a partir de suero de vaca, oveja o cabra, posee un sabor dulce ligeramente ácido. Realzada en esta preparación con un poco de canela, se mezcla muy bien con la textura crocante de las almendras machacadas.

Extraordinariamente delicados, los *cannoli* sicilianos suponen una bella invitación a descubrir la sutileza de la gastronomía siciliana.

Para la pasta, deposite la harina en forma abombada sobre la mesa de trabajo. Añada el azúcar, la manteca, la sal y el huevo. Mezcle y vierta poco a poco el vino tinto. Amase hasta obtener una pasta y déjelo reposar durante 2 h.

Para el relleno, coloque la ricotta en una ensaladera. Aplástela. Vierta el azúcar mezclándolo a la vez. Espolvoree con canela rallada. Añada las pepitas de chocolate y mézclelo todo.

Tueste las almendras machacadas y añádalas en la preparación de la ricotta. Mézclelo cuidadosamente con la ayuda de una espátula de madera.

sicilianos

Amase la pasta hasta obtener una forma de brazo de gitano. Córtela en trozos de igual espesor. Colóquelos sobre la mesa de trabajo con harina. Engrase el cilindro con manteca y enrolle alrededor la pasta expuesta.

Caliente el aceite vegetal de freír. Introduzca los cannoli enrollados en el cilindro. Fríalos y posteriormente colóquelos en papel absorbente.

Con la ayuda de una espátula, introduzca delicadamente el relleno en los cannoli. Adórnelos con azúcar escarchado y depositelos en el plato.

Crispelle de arroz

Preparación: 15 min
Fermentación del arroz: 3 h
Cocción: 40 min
Dificultad: ★

4 personas

250 g (1¼ tazas) de arroz blanco
50 cl (2 tazas) de leche entera
10 g (⅓ oz) de levadura de cerveza
220 g (1½ tazas) de harina
1 naranja

150 g (5½ oz) de miel de algarroba
aceite vegetal de freír

Decoración (opcional):
1 g (¼ cuchta) de canela en polvo

En el repertorio culinario siciliano, *crispelle* es el término genérico para designar las delicias fritas que se consumen durante el Carnaval. Extremadamente populares en la actualidad, estos buñuelos o croquetas estaban en su origen reservados a las mesas de la nobleza insular.

Antes de la unificación de Italia, el derecho de primogenitura prevalecía en Sicilia. En las familias ricas, el trabajo era inconcebible y los benjamines entraban generalmente en los servicios religiosos. Para conservar el prestigio de su jerarquía, los hijos de príncipes atrajeron a sus conventos a grandes chefs franceses.

Esta cocina de los *monzu* (señores), famosa por su delicadeza y opulencia, ha dado a la gastronomía de la isla numerosas especialidades. Citemos entre las más conocidas el *timballo* de macarrones, gratín de macarrones con una capa en pastas y el *farsumagru,* especie de filete relleno de ternera.

En el capítulo de los condimentos azucarados se encuentran las *crispelle* de arroz, que les invitamos a descubrir.

Fáciles de realizar, estos dulces son un auténtico placer. El arroz, auténtica estrella de esta receta, debe ser lavado previamente y puesto a cocer durante unos 20 minutos junto con la leche y el agua, a continuación los otros ingredientes como la levadura. Es imprescindible dejarlo fermentar un mínimo de tres horas antes de dar forma a las croquetas.

Crujientes y tiernas, las *crispelle* adquieren el sabor delicado de la miel de algarroba. Este árbol mediterráneo que crece espontáneamente en Sicilia posee unos frutos parecidos a las vainas. Estas últimas pueden alcanzar treinta centímetros (12 in) y encierran una pulpa nutritiva, refrescante y rica en azúcar.

Habitualmente, las algarrobas son trituradas y sirven para preparar una deliciosa mermelada o un licor. Puede, según sus gustos, utilizar la miel que prefiera.

Vierta en una cazuela la leche entera y 50 cl (2 tazas) de agua. Cuando hierva, deposite el arroz previamente lavado. Haga cocer unos 20 minutos y déjelo enfriar.

Lave la corteza de la naranja y rállela.

Pase el arroz a un recipiente. Añada 200 g (1⅓ tazas) de harina, la levadura y la corteza de naranja rallada. Mezcle y déjelo reposar 3 horas como mínimo.

con miel

Enharine la mesa de trabajo con la harina restante. Con ayuda de dos cucharas soperas, ponga encima la mezcla y disponga las croquetas enrollándolas con harina.

Caliente el aceite vegetal de freír. Eche las croquetas. Una vez fritas póngalas en papel absorbente.

Derrita la miel. Introduzca las croquetas y colóquelas en una fuente.

Delicias de las

Preparación: 1 h
Cocción: 1 h
Dificultad: ★★

4 personas

Crema de almendras:
100 g (3¹/₂ oz) de clara de huevo
150 g (5¹/₂ oz) de yemas de huevo
300 g (1¹/₄ tazas rasas) de nata
50 cl (2 tazas) de leche
3 hojas de gelatina
100 g (7 cuch) de azúcar
150 g (1 taza) de almendras
peladas

Pastel:
6 huevos
45 g de azúcar
1 naranja

1 limón
30 g (1 oz) de algarrobas molidas
100 g (3¹/₂ tazas) de avellanas molidas
75 g (2¹/₂ oz) de avellanas machacadas

Tofe de Palo:
25 cl (1 taza) de leche
5 cl (3¹/₂ cuch) de nata
20 cl (³/₄ generosos de taza) de Palo
50 g (3¹/₂ cuch) de azúcar
moreno

Decoración (opcional):
frambuesas frescas
hojas de menta
láminas de chocolate

Para el postre, Bartolomé-Jaime Trias y su colega Óscar Martínez Plaza han elaborado minuciosamente en su restaurante de Palma de Mallorca una juiciosa mezcla de pastel de avellanas y algarrobas, crema de almendras y salsa de licor.

Para llevar a cabo este pastel ligero y rico en sabores, se han inspirado en una pasta de avellanas tradicional a la que han añadido harina de algarrobas; éstas, que parecen vainas de judías de color negruzco, encierran granos aplastados y azucarados. Molidas, son comercializadas como sucedáneo de cacao y café: no contienen cafeína ni teobromina y tienen poca grasa. Muy apreciada en la antigüedad, la algarroba ha servido para alimentar a los cerdos, pero hoy redescubrimos sus cualidades nutricionales. Con la masa del pastel, los más sibaritas podrán añadir a la harina de algarroba cacao o virutas de chocolate.

La crema asociada al pastel de almendras se compondrá básicamente de leche de almendras.

Bata la leche y las almendras bastante tiempo para obtener un líquido homogéneo y después fíltrelo, esto le permitirá obtener una especie de crema inglesa muy uniforme. Para el merengue, espere a que las claras estén casi montadas antes de añadir el azúcar, siga batiendo hasta que la crema esté espesa, uniforme, brillante y se adhiera bien a la batidora.

Un sabroso caramelo de leche con crema y *Palo* acompañará este delicioso plato balear. En la isla, los ancianos consumen *Palo* a menudo, siempre fresco y con cubos de hielo, soda o agua con gas. De color negro, es una mezcla de aguardiente de anís, regaliz, raíces de hierbas y caramelo.

En sus platos habrán de colocar dos rectángulos de pastel y dos pequeñas isletas de crema de *Palo,* decorados con medias frambuesas y hojas de menta. Una bolita de crema de almendra junto con una lámina de chocolate adornarán el pastel.

Crema de almendras: ponga la leche y las almendras en el recipiente del robot de cocina. Bata y luego filtre el preparado. Ponga a remojo la gelatina en un recipiente con agua fría.

Caliente la leche de almendras añadiendo azúcar. Incorpórelo, mezclándolo con las yemas de huevo batidas. Viértalo todo en la cazuela y déjelo sobre el fuego para que espese. Añada la gelatina y bata para que se disuelva. Déjelo enfriar.

Haga montar las claras de huevo a punto de nieve e incorpórelas en la crema de almendras enfriada anteriormente. Deje reposar 30 minutos e incorpore la nata montada. Guárdela en el refrigerador.

Baleares

Pastel: en un bol, ponga 6 yemas de huevo, avellanas en polvo, algarrobas, cáscaras de agrios y avellanas machacadas y páselo todo por el robot de cocina.

Prepare un merengue con 6 claras de huevo y azúcar e incorpórela en la mezcla anterior. Vierta la pasta obtenida en un molde adornado con papel sulfurizado y apílela ligeramente. Métalo en el horno durante 20 min a 180 °C (355 °F).

»Tofe de Palo«: cueza el azúcar y un hilo de agua a punto de caramelo. Decueza el »Palo«, reduzca y luego añada una mezcla de leche-crema. Hierva y deje enfriar. Sirva trozos de pastel coronados con una bolita de crema de almendras y rodeadas de »Tofe de Palo«.

Fiadone

Preparación: 15 min
Cocción: 25 min
Dificultad: ★

4 personas

500 g (1 lb) de brocciu (queso corso)
6 huevos
300 g (2³/₄ tazas) de azúcar en polvo
1 limón
1 cl (2 cuchtas) de aguardiente
10 g (2 cuchtas) de mantequilla

El *fiadone* es, probablemente, el pastel más apreciado por los corsos. Muy antiguo, este alimento azucarado, a base de *brocciu* y huevo, decora la mesa familiar durante las principales fiestas religiosas: bautizos, comuniones y bodas. Bastante minimalista por la elección de sus ingredientes, esta especialidad, típica de la isla de Córcega, no deja de ser por ello suculenta.

Fácil de realizar, debe imperativamente recubrir el plato sobre un espesor de 4 cm (1¹/₂ in). Rey de los quesos corsos, el *brocciu* se beneficia de una denominación de origen controlada. Fabricado desde tiempos ancestrales a partir de suero de oveja o de cabra, leche y sal, es apreciado por su suave sabor. Imprescindible en la cocina de la región, es el testimonio de las raíces pastoriles de sus habitantes.

Ya en el siglo II a.C., el historiador griego Polibio relataba en su »Historia general de la República romana«, las especialidades de la ganadería en Córcega: »El motivo por el cual to-

dos los animales parecen salvajes es que, como la isla está cubierta de árboles, llena de rocas y de precipicios, los pastores no pueden seguir sus reses en los pastos. Cuando encuentran algún lugar apropiado para que pasten, hacen sonar una trompa y cada rebaño acude al sonido de su pastor, ¡sin confundirse nunca!« Perfumado con aguardiente, el *fiadone* se adorna con cáscaras de limón ralladas.

Este cítrico, que crece abundantemente en esta tierra del Mediterráneo, es reconocido por su gran aportación de vitamina C. Les aconsejamos para esta receta optar por una variedad no tratada, si no, no se olvide de lavar bien la corteza con agua caliente.

Elija limones bien firmes y sin manchas que podrá conservar dos semanas en el cajón de la nevera. Extremadamente untuoso, ¡este pastel se ha de descubrir inmediatamente!

Deposite 500 g (1 lb) de brocciu en un recipiente y aplaste el queso con un batidor.

Lave concienzudamente el limón y ralle la corteza.

Vierta el azúcar en el recipiente del brocciu. Añada los huevos y mezcle hasta que el brocciu esté completamente desmigajado.

Deposite en el recipiente la cáscara rallada del limón. Vierta el aguardiente y mezcle de nuevo.

Con la ayuda de un pincel, engrase el molde con la mantequilla ligeramente derretida.

Vierta la preparación del brocciu en el molde. Póngalo en el horno unos 25 minutos a 180 °C (355 °F). Sáquelo del molde y ponga el fiadone sobre el plato.

Preparación: 30 min
Cocción de la crema inglesa: 25 min
Cocción de las galletas: 15 min
Centrifugado del helado: 20 min
Dificultad: ★★

4 personas

Helado de parmesano:
50 cl (2 tazas) de leche
10 cl (7 cuch) de nata líquida
80 g (6 cuch) de azúcar
100 g (3¹/₂ oz) de miel
6 huevos
1 naranja
1 limón

1 ramillete de vainilla
canela en rama
50 g (7 cuch) de parmesano rallado

Galletas del pueblo:
4 huevos
250 g (1 taza y 2 cuch) de azúcar
550 g (3²/₃ tazas) de harina para pasteles
(con levadura)
1 cucharada sopera de granos de anís
1 naranja
vainilla

Decoración (opcional):
pieles de naranja confitadas
canela en polvo

A mediados del siglo XVIII, un maltés llamado Michele Marceca inventó el *gelat bil-gobon,* curioso helado a base de crema inglesa condimentada con nata y parmesano. Los postres helados eran muy apreciados en Malta, en la época en la que los caballeros de San Juan gobernaban la isla, éstos hacían llegar bloques de hielo recogidos en las pendientes del Etna que se conservaban posteriormente en sótanos, envueltos en paja.

Incorporado en último término a la crema inglesa, el parmesano viene directamente de Italia, precisamente de la región de Parma. En efecto, los ganaderos malteses producen únicamente pequeños quesos de cabra, así como una especie de *ricotta.* El célebre parmesano *reggiano* de leche de vaca y pasta cocida prensada, hace las delicias de los amantes del queso desde la Edad Media. Su sabor no dominará el helado, pero le aportará un sabor que se deshará en la boca.

Nuestro chef incorpora sabrosos pasteles tradicionales, los *biskuttini tar-rahal* (galletas del pueblo). Esta sencilla receta se prepara con motivo de las fiestas y ceremonias. Su pasta se puede aderezar con corteza de naranja o de limón rallado, con pepitas de vainilla, de canela en polvo, con clavo, con pepitas de anís o con anisete.

La forma de estas galletas varía según la imaginación del cocinero: bastoncillos, bolitas, pequeñas cúpulas moldeadas o croquetitas. Para formar estas últimas, introduzca dos cucharas en agua caliente, tome un poco de masa y moldéela enrollando la pasta de una cuchara a otra. Luego deposite la croquetita sobre un molde recubierto de papel sulfurizado. Para una presentación apetitosa, pique las galletas con un cuchillo, desmigájelas y deposítelas en sus copas de helado. Recubra de *gelat bil-gobon* y aplástelo con una espátula. Espolvoree de canela y decore con pieles de naranja confitadas.

Comience por confeccionar el helado: ponga la leche a hervir en una cazuela. Añada la canela, un trozo de corteza de limón y uno de naranja, las pepitas de vainilla y deje en infusión durante 10 minutos a fuego lento.

Añada el azúcar y la miel. Mezcle y filtre la preparación. Incorpore el parmesano rallado y remueva durante 5 minutos para disolverlo.

En un bol, bata 6 yemas de huevo. Diluya con la leche condimentada y viértalo todo en una cazuela. Mezcle la preparación durante unos 10 minutos hasta obtener una crema inglesa muy cremosa.

bil-gobon

Cuando la crema inglesa esté en su punto, dilúyala con la nata líquida. Deje enfriar y centrifugue en sorbetera. Cuando el helado esté listo, sáquelo de la sorbetera y guárdelo en el congelador.

Para las galletas, bata las claras de los huevos con azúcar para obtener un merengue. Añada anís, piel de naranja rallada, pepitas de vainilla, yemas de huevo batidas y 500 g (3$^1/_3$ tazas) de harina. Mezcle hasta la obtención de una masa homogénea.

Impregne de harina el molde y con dos cucharas, forme bolitas de pasta de galleta y deposítelas sobre el molde. Introdúzcalas en el horno durante 15 minutos a 200 °C (390 °F). Sirva el helado y las galletas en copas.

Kalitsounia

Preparación: 40 min
Reposo de la masa: 30 min
Cocción: 30 min
Dificultad: ★★

6 personas

Masa:
600 g (4 tazas) de harina
7,5 cl (3¹/₄ tazas) de aceite de oliva
75 g (¹/₃ de taza) de mantequilla
150 g (²/₃ de taza) de azúcar

4 huevos
1 cucharadita de levadura química

Relleno:
1 kg (2 lb) de myzithra suave y fresca
1 huevo
150 g (²/₃ de taza) de azúcar
1 cucharadita de canela en polvo

En Creta, es tradición que en época de Pascua cada ama de casa ofrezca a sus huéspedes los más deliciosos *kalitsounia*, que ha elaborado con mucho amor la mañana del Jueves Santo. Estas pequeñas tartitas de queso se elaboran en las familias, en la panadería e industrialmente.

Los »kalitsounia« toman generalmente la forma de una corona marcada con pequeños picos. Por este motivo llevan también el nombre de *lychnarakia* (pequeñas lámparas de aceite). En el interior, se puede distinguir el relleno de queso espolvoreado de canela. También existen *kalitsounia* triangulares o cuadrados. Los de Heraclion se parecen a una empanadilla y se fríen. Antaño, a los *kalitsounia* se les daba forma de grandes cuadrados y se doraban lentamente en el horno de leña, lo que les confería un sabor particular.

Nuestra receta para la masa, mezcla mantequilla y aceite, pero en otras puede no encontrarse la mantequilla. Algunas llevan incluso levadura de tahona y leche, lo que da a los pasteles la apariencia de pequeños bollos de leche. Sea como fuere, puede perfectamente condimentar esta pasta con cilantro y con almáciga molidos.

La base del relleno se compone esencialmente de *myzithra* suave, que se puede reemplazar por requesón de oveja o por *ricotta*. Según los gustos, se puede aromatizar con azúcar, vainilla, canela, menta fresca o miel. Una vez se les ha dado forma a los *kalitsounia*, nuestro chef los recubre de yema de huevo y los espolvorea con canela, ya que esta especia tiende a ennegrecer durante la cocción, también puede esperar a que los pasteles estén cocidos para añadirla.

Los *kalitsounia* se conservan fácilmente durante unos 15 días. Los cretenses tienen por costumbre depositarlos en una caja, entre dos capas de hojas secas de naranjo o limonero: una bonita presentación y un aroma sutil están así a la orden del día.

Prepare primero la masa: vierta la harina en un recipiente y forme un pozo. En su interior, añada la levadura, el azúcar, trozos de mantequilla, el aceite de oliva y 3 huevos.

Mezcle los ingredientes con las manos hasta formar una pasta homogénea. Forme una bola con la masa y déjela en reposo durante 30 minutos.

Extienda la masa con un rodillo sobre la mesa de trabajo a la que previamente se le ha echado harina, hasta que consiga un espesor de 0,5 cm (0,19 in). Con un sacabocados de 9 cm (3¹/₂ in) de diámetro, recorte arandelas sobre la masa. Precaliente el horno a 160 °C (320 °F).

Para el relleno, ponga en un bol la myzithra, el huevo, el azúcar y la canela en polvo, y mézclelo todo bien.

Deposite después 1 cucharadita de relleno en el centro de cada arandela de pasta.

Pellizque con regularidad los bordes de la pasta alrededor del relleno para dar a los pasteles una forma de corona de guirnalda. Deposítelos sobre una placa recubierta de papel sulfurizado con mantequilla. Recúbralos de yema de huevo batido y métalos en el horno durante 30 minutos a 160 °C (320 °F).

Mqaret

Preparación: 40 min
Cocción: 40 min
Maceración de los dátiles: 1 noche
Reposo de la pasta: 1 h
Dificultad: ★★

4 personas

Masa:
500 g (3 ¹/₃ tazas) de harina
100 g (7 cuch) de azúcar
10 cl (7 cuch) de aceite
15 cl (2/3 de taza) de zumo de naranja

Relleno:
1 kg (2 lb) de dátiles blandos
4 cucharadas soperas de anisete maltés
1 cucharadita de café de clavo en polvo
1 cucharadita de café de canela en polvo
1 naranja
1 limón
2 cucharadas soperas de agua de flor de naranjo (o de rosa)
aceite para freír

En verano en Msida, al S. O. de La Valette, los transeúntes que caminan por la orilla del mar son atraídos irresistiblemente por un perfume de aceite caliente y de anís. Saben entonces que un vendedor ambulante de mqaret, deliciosos pasteles malteses fritos rellenos de una pasta de especias y de anís está instalado en los alrededores. Vendedores ambulantes proponen también la misma tentación en los alrededores de City Gate, entrada principal de La Valette, capital de Malta. Esta receta antigua figura también, a veces, en la carta de los mejores restaurantes y en el menú de las fiestas campestres invernales.

Estos pastelitos en forma de rombo se denominan mqaret en plural, o maqrut en singular: recuerdan así los célebres makroud argelinos o tunecinos. Como las palmeras datileras no crecen en Malta, los frutos son importados de Túnez. Según las recetas, la pasta se realiza a base de aceite, de manteca o de mantequilla. Este último le aporta una textura más firme, que permite extenderlo más fácilmente.

Tras un reposo necesario de una hora, aplástela muy finamente con el rodillo o mejor aún, en una máquina de pasta.

Cuando haga cocer los dátiles destinados al relleno, nuestro chef le sugiere que los aromatice con anisete maltés: este alcohol tradicional con sabores de anís y de hierbas aromáticas se degusta generalmente bien frío, añadiéndole agua, limonada zumo de naranja o de piña.

El zumo de naranja enriquece la pasta, y el agua de flores de naranjo hace lo propio con el relleno: nada tiene esto de extraño, en una isla consagrada a la plantación de cítricos. Ha dado, de hecho, nacimiento a la »Maltesa«, una de las naranjas más deliciosas del mundo, apreciada desde hace varios siglos.

Recortados en forma de rombos y luego fritos o cocidos al horno, los mqaret se saborean de buena gana bien calientes y que se deshagan en la boca. Sin embargo se pueden consumir también tibios o fríos.

Pase por la batidora los dátiles deshuesado y hágalos cocer 30 min en agua a la que se haya añadido anisete. Deje macerar hasta el día siguiente. Para la masa, ponga el zumo de naranja y el azúcar en una terrina. Mezcle e incorpore el aceite.

A la mezcla anterior, incorpore la harina a la vez que amasa. Siga amasando hasta que obtenga una pasta homogénea y haga con ella una bola. Cúbrala con una tela y déjela reposar 1 h.

Prepare después el relleno: a la pasta de dátiles macerada, añada canela, el polvo de clavo, el agua de flor de naranjo, 1 cucharada sopera de corteza de naranja y 1 cucharada sopera de corteza de limón machacadas.

Maltés

Aplane la pasta con un rodillo. Recórtela en grandes rectángulos de unos 20 cm (8 in) de largo sobre 8-10 cm (3-4 in) de ancho. Con ayuda de una cuchara, deposite una línea de relleno de dátiles sobre un lado de cada rectángulo. Con un pincel, moje ligeramente el otro lado del rectángulo.

Enrolle la pasta alrededor del relleno. Aplaste los rollos obtenidos y recórtelos en rombos de 3 cm (1 in) de ancho: obtiene así los »mqaret«.

Sumerja los »mqaret« en un baño de fritura a 180 °C (355 °F). Deje dorar. Seque sobre papel absorbente y deguste caliente.

Orejitas rellenas de

Preparación: 1 h
Refrigeración de la masa: 1 h
Reposo de las empanadillas: 40 min
Cocción: 15 min
Dificultad: ★

4 personas

100 g (²/₃ de taza) de harina
1 litro (4 tazas) de aceite de freír
100 g (1 taza rasa) de azúcar en polvo

Masa:
500 g (3¹/₂ tazas) de harina
10 g (¹/₃ oz) de levadura

3 huevos
200 cl (8 tazas)de leche condensada azucarada
100 g (7 cuch) de manteca
¹/₂ limón
3 cl (2 cuch) de licor pastis
sal

Relleno:
150 g (5¹/₂ oz) de brocciu (queso corso)
50 g (7 cuch) de azúcar glas
3 cl (2 cuch) de aguardiente de uva
1 huevo
¹/₂ naranja

Sinónimo de fiesta, las orejitas se preparan en Córcega con motivo de bodas, bautizos y comuniones. Al gozar de una gran popularidad en la isla, estos buñuelos azucarados son tradicionalmente presentados en abundancia sobre la mesa. Según las familias, pueden ser crujientes o mullidos.

Fácil de realizar, la masa de las orejitas, que se compone de harina, limón, sal y huevos, puede prepararse el día anterior y se amolda perfectamente, a los sabores anisados del *pastis.* Este licor, originario de Marsella, se toma, sobre todo, a la hora del aperitivo añadiéndole un poco de agua.

Hace años, estas especialidades se saboreaban sin añadirle relleno. Vincent Tabarini, que ha heredado la receta de su madre, ha preferido enriquecerlas con *brocciu.*

Fabricado desde tiempos ancestrales por los pastores, este queso, típico de Córcega, se prepara en un gran caldero colocado sobre el fuego de leña, en el que se vierte el suero de oveja o de cabra. Después se deja entibiar la mezcla y se añaden la leche y la sal. Provistos de una espumadera, los hombres quitan entonces la nata de la superfície y disponen la masa recogida en pequeñas cestas redondas, trenzadas con juncos.

Extremadamente fresco, el *brocciu* es un queso muy suave y en la cocina se utiliza para elaborar los aderezos azucarados y salados. Puede, llegado el caso, reemplazarlo por *ricotta,* que tiene un sabor muy parecido.

Delicioso, el relleno de las orejitas se engalana con el sabor de la *aquavita* (aguardiente). Muy apreciados en Córcega, los licores, a base de frutos macerados, se conjugan hasta el infinito: olores de mirto, uva, naranja, madroño, etc.

Ofrecida a los invitados como señal de hospitalidad, la degustación del aguardiente es una tradición en la isla.

Para la masa, disponga la harina y la levadura en forma de fuente. Añada las yemas de huevos, la manteca derretida, la leche condensada, la corteza del limón rallado, las claras de huevo a punto de nieve, el pastis y sálelo todo. Trabaje la masa hasta la obtención de una pasta. Déjela 1 hora en el refrigerador.

Para el relleno, deposite en un recipiente el brocciu, las cáscaras de naranja, el azúcar glas y el aguardiente. Cháfelo todo, añádale el huevo y mezcle con el batidor.

Corte la bola de pasta en dos. Espolvoree de harina la mesa de trabajo y con la ayuda de un rodillo, extienda la pasta en forma de empanada de 2 milímetros (0,078 in) de espesor.

brocciu al aguardiente

Con la ayuda de un molde circular metálico, recorte la pasta en círculos de 10 a 12 cm (4-5 in) de diámetro.

Coloque un poco de relleno sobre cada círculo de pasta y con la ayuda de un pincel, humidifique los contornos del disco con agua.

Doble la pasta en forma de empanadilla y deje reposar sobre un trapo, unos 40 minutos. Fríalos en aceite caliente. Escúrralos y enróllelos en el azúcar. Emplátelos.

Patouda

Preparación: 40 min
Reposo de la
infusión de ceniza: 1 h
Cocción: 40 min
Dificultad: ★★

6 personas

Pasta:
75 cl (3¼ tazas)de aceite de oliva
1 cl (2 cuchtas) de tsikoudia (aguardiente)
200 g (7 oz) de alousia (ceniza de madera)

½ cucharadita de ammonia
1,5 kg (10 tazas) de harina

Relleno:
500 g (1 lb) de carne de nuez verde
500 g (1 lb) de almendras machacadas
200 g (1¾ tazas) de azúcar glas
300 g (11 oz) de miel de tomillo
1 cucharadita de nuez moscada
2,5 g (1 cuchta) de canela en polvo
2,5 g (1 cuchta) de clavo en polvo

Los *patouda*, pequeños pasteles en forma de media luna rellenos de una crema de frutos secos y miel, pertenecen a los diferentes dulces cretenses de Navidad y es una receta típica de Sintia, al Este de la isla. Algunos autores remontan sus orígenes a los *gastrin*, pasteles de nueces, almendras, pepitas de amapolas y miel, descritos por Atenea en el Banquete de los sofistas (siglo II-III d. C.).

La masa de *patouda* contiene ingredientes muy poco ordinarios. Al principio, se prepara una infusión de ceniza de madera: los cretenses encuentran muy fácilmente en las tiendas bolsitas de *alousia*, ceniza de madera de pino o de olivo finamente molida. La infusión de *alousia* vuelve la masa más ligera, ya que la ceniza mezclada con agua desprende sosa. La acción de este producto se ve reforzada por un polvo levante de color blanco y de sabor ligeramente ácido, comercializado en Creta bajo el nombre de *ammonia*. Podrá reemplazarlo todo por bicarbonato. En cuanto lo haya hervido, quite del co-

lador la muñequilla para infusiones rellena de ceniza. Deje reposar la infusión una hora, para que los residuos de ceniza se depositen en el fondo.

Cuando el jarabe de especias destinado al relleno hierve, siempre forma una espuma que tendrá que eliminar con cuidado, antes de verterlo todo en la mezcla de nueces y almendras. Algunos lo enriquecen voluntariamente con uvas pasas trituradas. Existen dos métodos para dar forma a los pasteles: rebajar la gran bola de pasta y recortarla en pequeños círculos ó cortarla en bolitas y extender cada una individualmente. Una vez se haya decorado con el relleno, cierre la pasta en forma de empanadillas, pegando el borde con agua fría o, mejor aún, con agua de flor de naranjo o de rosa.

Pasta: ponga la ceniza en una bolsita de infusión y deposítela en un colador dipuesto sobre un molde y riéguelo con 20 cl (³/₄ generosos de taza) de agua hirviendo. Deje reposar 1 hora. En un molde, ponga harina, ammonia, infusión de ceniza, aguardiente y aceite.

Comience por amalgamar bien los ingredientes de la masa. Luego transfiérala sobre la mesa de trabajo en la que se ha colocado harina y amásela aplastándola con el puño.

Para el relleno, coloque almendras y nueces machacadas en un bol. Ponga 25 cl (1 taza) de agua, miel, azúcar, canela, polvo de clavo y nuez moscada en una cazuela. Llévelo a ebullición y vierta este jarabe hirviendo sobre la mezcla de almendras y nueces. Mézclelo todo bien.

Separe la bola de pasta en bolitas del grosor de una ciruela. Con la ayuda de un rodillo, extiéndalas una por una.

Deposite un poco de relleno de frutos secos en el centro de cada redondel de pasta.

Cierre los redondeles de pasta en forma de medias lunas y selle los bordes apoyando encima el extremo del puño. Deposite los pasteles sobre una placa de pastelería recubierta de papel sulfurizado. Déjelos 30 min al horno a 200 °C (390 °F).

Portocalopita

Preparación: 30 min
Cocción: 40 min
Dificultad: ★★

6–8 personas

Pastel:
440 g (3 tazas) de harina
25 cl (1 taza) de aceite de oliva virgen
200 g (2¹/₄ tazas) de azúcar en polvo
3 huevos
1 naranja

1 limón
1 cucharadita de bicarbonato

Sirope:
200 g (2¹/₄ tazas) de azúcar glas
20 cl (³/₄ generosos de taza) de zumo de naranja
20 cl (³/₄ generosos de taza) de zumo de mandarina

El *portocalopita,* o »pastel de naranjas« testifica las prácticas pasteleras de la Creta urbana. Este postre es de composición bastante original: la base de la masa que añade espuma de huevos a los cítricos, aceite de oliva y azúcar, así como la mezcla de zumo de cítricos y cáscaras, no se hace en la cocina lugareña rústica. A las amas de casa cretenses les gusta preparar este pastel con el fin de deslumbrar a sus invitados.

Al salir del horno, el pastel ligero y no muy azucarado se recorta generalmente en forma de rombo y se cubre con jarabe de naranjas y mandarinas.

Los cretenses son tan aficionados al aceite de oliva que lo introducen hasta en sus pasteles. Numerosas variedades de aceite de oliva son famosos en Creta desde hace miles de años. Empezará por batirlo con azúcar; un aceite de buena calidad se ligará muy rápidamente con el azúcar. Si no se da el caso, emulsiónelo con la batidora.

El sabor fresco y afrutado del *portocalopita* proviene esencialmente de los cítricos y, a los cretenses, les recuerda los perfumes del campo, cuando los naranjos en flor embalsaman el aire primaveral. Creta constituye un inmenso vergel donde crecen naranjas, mandarinas y limones. En la región de la Canea, crece la variedad más célebre, las »Maleme«. Redondas y de piel fina, son jugosas y particularmente azucaradas. Los cretenses las consumen como postre o en zumo. De introducción relativamente reciente, el naranjo era desconocido por los antiguos griegos y también por los romanos. Originario de China, fue traído a Europa en el siglo xv por exploradores portugueses. Es por ello que los griegos las llaman *portokali,* por deformación de la palabra »Portugal«.

Cortado en trozos y regado de jarabe, decore su pastel con trozos de cítricos y con hojas de menta. Saboréelo en compañía de una taza de té o de café.

Para el pastel, comience por verter 20 cl (³/₄ generosos de taza) de aceite de oliva en un bol. Añada el azúcar en polvo y bata durante 10 minutos hasta que quede disuelto en el aceite.

En otro bol, bata los huevos hasta que formen una espuma de color amarillo claro. Añada las ralladuras de naranja y de limón.

A la vez que bate, añada la preparación de huevos en la emulsión de aceite y azúcar. Siga batiendo para que todo quede bien mezclado.

Añada los zumos de limón y de naranja con bicarbonato, y 420 g (2³/₄ tazas) de harina. Mezcle bien. Unte un molde rectangular con aceite y harina. Vierta la pasta en el interior. Hornee durante 35 minutos a 160 °C (329 °F).

Para el sirope, ponga a calentar en una cazuela el zumo de naranja mezclado con el zumo de mandarina. Añada el azúcar glas y mézclelo hasta que se disuelva.

Una vez fuera del horno, corte el pastel. Añádale jarabe de cítricos y espere a que se absorba. Degústelo frío.

Pudina tal-hobz

Preparación: 30 min
Remojo del pan y las frutas: 1 h
Reposo del pastel: 24 h
Cocción: 35 min
Dificultad: ★

4 personas

2 panes de payés malteses secos
5 cl (3½ cuch) de leche
35 g (1¼ oz) de cortezas de naranjas confitadas
35 g (1¼ oz) de melón confitado

100 g (3½ oz) de cerezas confitadas
250 g (9 oz) de uvas pasas
350 g (¾ lb) de carne de nuez verde
20 cl (¾ generosos de taza) de vermut rojo dulce
20 cl (¾ generosos de taza) de ron añejo
2 cucharillas de café de canela en polvo
½ cucharadita de clavo en polvo
1 naranja
520 g (4¾ tazas) de azúcar en polvo
400 g (14 oz) de cacao en polvo
120 g (8½ cuch) de mantequilla

Todos los días hacia las 4 de la tarde se sirve en Malta el té o el café, como en la época de la colonización inglesa. Una rebanada de *pudina tal-hobz* (pudding de pan) es entonces muy apreciada a modo de merienda.

La costumbre de preparar *puddings* ha surgido de una economía de pobreza, en la cual se evitaba malgastar los alimentos. Cada día, las madres maltesas aprovechaban el pan duro para hacer pasteles, alimentando así a sus hijos con el menor coste posible. A lo largo de los años, el *pudding* se ha enriquecido de un surtido de frutos secos y confitados.

Conocido bajo el nombre de *hobza,* el excelente pan maltés, de delicado sabor, constituye la base de este pastel. Amasado a la manera tradicional, ofrece su miga blanca y tierna, y su corteza firme y crujiente. A menudo, los autóctonos y los turistas se regalan con él bajo la forma de un sandwich parecido al pan *bagnat* provenzal.

Cuando haya regado con leche y agua caliente los trozitos de pan, añada trozos de mantequilla ablandada, a fin de que se derrita y se mezcle fácilmente con toda la preparación.

La presencia de todo tipo de frutas no es de extrañar en un pastel maltés, ya que los vergeles producen excelentes cítricos, higos, melones y uvas. Las naranjas maltesas son conocidas internacionalmente desde hace varios siglos. Antaño, los caballeros de malta las enviaban a todas las cortes de Europa. La variedad suave, de corteza fina, resulta jugosa y perfumada. En cuanto a la naranja amarga, sirve para preparar las mermeladas, cortezas confitadas y el agua de flor de naranjo.

Para decorar su pastel, elija frutas confitadas multicolores, y repártalas bien sobre la pasta, a fin de que las rebanadas queden bonitas y apetitosas a la hora de cortar el pastel.

Trocée el pan. Póngalo en un molde. Añada leche, agua caliente y 100 g (7 cuch) de mantequilla. Deje en remojo durante 1 hora. Por otro lado, ponga en remojo en una mezcla de ron y vermut las frutas confitadas, las uvas y las nueces machacadas.

Pasado este tiempo, escurra las frutas maceradas y mézclelas bien con el pan nuevamente hidratado.

En este relleno, añada la corteza de naranja rallada y el polvo de canela y clavo.

Añada 500 g (4¹/₂ tazas) de azúcar en polvo.

Espolvoree finalmente la preparación con cacao y mezcle enérgicamente con el fin de repartir todos los ingredientes.

Vierta la preparación en un molde untado con mantequilla y azúcar. Cúbralo con papel de aluminio y métalo en el horno durante 35 minutos a 170 °C (340 °F). Déjelo reposar durante 24 horas antes de servirlo en rebanadas.

Raviolis

Preparación: 50 min
Gelificación de la sopa de
naranjas y congelación del
granizado: 1 noche
Cocción: 40 min
Dificultad: ★★

4 personas

Raviolis al limón:
4 hojas de pasta fresca para raviolis
2 huevos
1 limón
140 g (²/₃ de taza) de azúcar
150 g (²/₃ de taza) de mantequilla fresca

Sopa de naranjas:
1 litro de zumo de naranja
150 g (²/₃ generosos de taza) de azúcar
3 hojas de gelatina

Helado granizado al licor de hierbas:
40 cl (1²/₃ de tazas) de licor de Mallorca de
hierbas suaves
50 g (3¹/₂ cuch) de azúcar
2 hojas de gelatina

Decoración (opcional):
hojas de menta
frambuesas frescas
bastoncillos de canela
tomillo
limón

Nuestro chef ha compuesto su apetitoso plato de postres jugando con los ingredientes básicos de las Baleares: la crema de raviolis se engalana del perfume de los limones; la sopa, de los aromas de la naranja, y el helado, de los frescos aromas del licor de hierbas. En la economía tradicional de las Baleares, cuatro producciones fruteras están en primera línea: naranjos, limoneros, olivos y almendros componen el paisaje mallorquín.

Para envolver sus raviolis, elija pasta fresca italiana ó pasta china para *won-ton*. No obstante, puede prepararla en casa con 300 g (2 tazas) de harina, 3 huevos, 3 cl (2 cuch) de aceite de oliva y una pizca de sal. Tras amasarla, ha de ser finamente extendida con el rodillo o, mejor aún, en una máquina de pasta.

La crema de limón que se utiliza para la guarnición es simple de preparar y no necesita cocción al baño María. Cuando se

añade en frío, el zumo de limón se mezcla rápidamente al azúcar y a los huevos, lo que hará que la crema espese fácilmente al fuego. Espere a que esté fría para rellenar sus raviolis: tome media cucharada sopera de nata y con la ayuda de una cucharilla de café, introdúzcala en el centro de un rectángulo de pasta.

Un helado granizado original a base de licor de Mallorca sirve para coronar el postre. De un bonito color que recuerda al aceite de oliva, este digestivo se llama localmente »licor de hierbas dulces«. Muchos mallorquines lo elaboran en casa: en alcohol de anís, hacen macerar una mezcla de hinojo, tomillo, romero, menta, nueces verdes y granos de café.

Antes de verter la sopa de naranjas en el plato, no se olvide de homogenizarla con la ayuda de una batidora. Apreciará, sin duda, el contraste entre los raviolis, el granizado y la sopa de naranjas. Este plato le maravillará durante una comida de verano.

Raviolis: Antes de todo prepare la crema al limón. En una cazuela, mezcle el azúcar, los huevos y el zumo de limón. Bata sin parar durante unos 10 minutos sobre el fuego hasta que la crema esté espesa y homogénea.

Deje entibiar la crema al limón hasta que alcance una temperatura de 55 °C (131 °F). Incorpore entonces trozos de mantequilla. Mezcle bien y deje enfriar.

Hierva rectángulos de pasta de raviolis. Refresque con agua fría. Coloque un trozo de pasta escurrida sobre la mesa de trabajo y rellénelo de la crema de limón. Doble la pasta en forma de cuadrado. Repita la operación 8 veces.

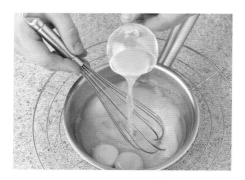

al estilo Óscar

Sopa de naranjas: remoje la gelatina en agua fría. En un cazo, caliente vivamente el azúcar añadiendo un poco de agua hasta que se forme el caramelo. Decueza con el zumo de naranja. Incorpore la gelatina ablandada y mezcle para disolverla. Guarde una noche en la nevera.

Granizado: »bañe« la gelatina en agua fría. Mezcle el azúcar y el licor de hierbas suaves en una cazuela y caliéntelo hasta obtener un sirope. Añada 50 cl (2 tazas) de agua caliente a la vez que remueve.

Cuando hierva la mezcla, incorpore la gelatina ablandada. Bata un poco para disolverla. Deje enfriar y congele una noche a -20 °C (-4 °F). Sirva los raviolis sobre un lecho de salsa de naranjas, decorados con granizado, menta, frambuesas, bastoncillos de canela, limón y tomillo.

Ricotta a la naranja

Preparación: 10 min
Cocción: 5 min
Dificultad: ★

4 personas

500 g (1 lb) de ricotta
3 naranjas
5 cucharadas soperas de azúcar en polvo
1 cucharadita de café molido
2 cl (4 cuch) de miel

Decoración :
hojas de menta
pieles de naranja

Enamorado de Cerdeña, Amerigo Murgia ha querido ofrecer-les una receta muy simple que sitúa a la *ricotta* en un lugar privilegiado. De su infancia pasada en Osini, situado en una zona montañosa, recuerda con nostalgia las tradiciones pas-toriles. Su padre, que era pastor, fabricaba él mismo el queso, que Narcisa, su madre, preparaba de diferentes maneras.

Maravillosamente ideado, este postre a base de *ricotta* es uno de los preferidos de los hijos de nuestro chef. En su casa, Narcisa, que ya es abuela (nonna), confecciona su especiali-dad con mucho amor. Muy fácil de realizar, este postre puede enriquecerse con plátano y miel.

En Cerdeña, todos los amantes del queso conocen a la perfec-ción la pequeña ciudad de Macomer; situada en la planicie de la Campeda y de la cordillera del Marghine. Esta magnífica ciudad es famosa desde 1907, fecha de apertura de la primera cooperativa quesera, por la excelencia y la variedad de sus productos.

De la célebre *ricotta,* pasando por el *pecorino sardo* o incluso el *dolce di Macomer,* de sabor muy delicado, el abanico de quesos sardos es inmenso.

Fabricado a partir de suero de vaca, oveja o cabra, la *ricotta* participa en la elaboración de numerosas recetas ya sean dul-ces o saladas. En este caso, su sabor ligeramente acidulado se compenetra muy bien con las naranjas. Disponible en todos los comercios, este queso, cuyo nombre significa »recocido« resulta indispensable.

Dado el clima del que disfruta Cerdeña, las naranjas crecen en abundancia. Cítricos del sol, esta fruta, reconocida por su aporte en vitaminas A y C, es originara de Extremo Oriente. Según la variedad, su sabor es más o menos azucarado, aci-dulado o perfumado. Le sugerimos que intente conseguir unas naranjas návels, de pulpa particularmente jugosa. Deli-ciosa, la *Ricotta* de nonna Narcisa es un bello homenaje a to-das las abuelas sardas.

Con la ayuda de un cuchillo, corte 2 naran-jas por la mitad.

Con un exprimidor, exprima el zumo de las naranjas cortadas y quite las pepitas.

Lave la piel de la naranja restante y pélela. Confeccione trozos de piel y cuézalas en un poco de agua que contenga 4 cuchara-das soperas de azúcar, con el fin de cara-melizarlas.

de nonna Narcisa

Deposite la ricotta en un recipiente. Añada 1 cucharada sopera de azúcar.

Vierta zumo de naranja por encima.

Deposite un molde circular en un plato. Llénelo de ricotta y retire el círculo. Espolvoree con café molido. Vierta la miel y decore con las hojas de menta y las pieles de naranja.

Sarikopites

Preparación: 20 min
Reposo de la pasta: 5 min
Cocción: 5 min
Dificultad: ★★

4 personas

250 g (1²/₃ tazas) de harina
5 cl (3¹/₂ cuch) de tsikoudia
5 cl (3¹/₂ cuch) de aceite de oliva
1 limón
400 g (14 oz) de xinomyzithra

300 g (11 oz) de miel de tomillo
1 pizca de sal
aceite de oliva para freír

Compuestos por una hoja de pasta rellena de queso, plegada en forma de corona y frita posteriormente, los *sarikopites* son preparados en la Creta central con motivo del carnaval. Su nombre evoca el *sariki,* fular para la cabeza de color negro hecho de ganchillo llevado aún por algunos hombres mayores.

Ioannis Lappas le propone perfumar la pasta de los *sarikopites* con zumo de limón y *tsikoudia,* aguardiente cretense traslúcida con mucho alcohol. Se obtiene a partir de una mezcla de pepitas y escobajo de uvas, manzanas, madroños y aromas (hinojo, cilantro, ...) doblemente destilado.

Con los ingredientes bien mezclados, forme una especie de morcilla aplastada y déjela reposar: de no hacerlo, la masa quedaría elástica y no se abriría fácilmente. Posteriormente extiendala y córtela en trozos.

El relleno de los *sarikopites* se compone únicamente de *xinomyzithra o myzithra* amarga.

Este queso fresco, húmedo y untuoso es fabricado en Creta. El suero de oveja o de cabra se calienta y remueve hasta los 68 – 70 °C (155 – 158 °F), y luego se le añade un 15% de leche entera: Finalmente se hasta 92 °C (197 °F).

La capa de pasta formada en la superficie es escurrida en moldes, salada y prensada durante una semana en sacos de tela. Pasado todo este proceso, el queso se introduce en toneles durante 2 meses para su maduración. En esta receta, reemplácelo como le plazca por requesón de oveja, *ricotta o feta* salado, pimentado y amasado con zumo de limón.

Una vez los pasteles estén bien dorados úntelos generosamente con miel de tomillo. Elaborada de manera artesanal, procede de colmenas de alta montaña rodeadas de campos de tomillo. Su olor es pronunciado y su textura líquida y de color oscuro. Hace 2.000 años, Diodoro de Sicilia, y luego Plinio el Antiguo, alababan ya la excelente miel de Creta.

Coloque la harina en un recipiente junto con 3 cl (2 cuch) de zumo de limón, 5 cl (3¹/₂ cuch) de aceite, sal, el tsikoudia y 25 cl (1 taza) de agua. Amase bien con los dedos, y forme una bola con la pasta. Alárguela en forma de morcilla y aplástela toscamente. Deje reposar 5 minutos.

Con un rodillo, aplaste la pasta y córtela en tiras de unos 40 cm (15,74 in) de largo por 4-5 cm (1¹/₂–2 in) de ancho.

Deposite xinomyzithra a lo largo de las tiras de pasta.

con miel

Enrolle cada tira de pasta alrededor del relleno en sentido horizontal de manera que se obtenga un rollo. Después doble los rollos sobre ellos mismos en forma de caracol.

Dórelos durante unos 5 minutos y escúrralos en papel absorbente.

Cubra los pasteles con miel y saboréelos tibios.

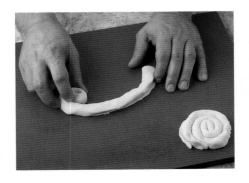

Sopa de albaricoques y su

Preparación: 40 min
Enfriamiento de la tarrina: 3 ó 4 h
Cocción: 45 min
Dificultad: ★★

4 personas

Tarrina de queso fresco:
200 g (7 oz) de queso fresco
15 cl (²/₃ de taza) de leche
15 cl (²/₃ de taza) de nata líquida
150 g (5¹/₂ oz) de yemas de huevos
2 hojas de gelatina
75 g (¹/₃ de taza) de azúcar

1 limón
1 cucharadita de canela molida

Sopa de albaricoques:
800 g 1³/₄ lb) de albaricoques frescos
150 g (²/₃ de taza) de azúcar
20 cl (³/₄ generosos de taza) de triple-seco
25 cl (1 taza) de zumo de naranja

Decoración (opcional):
chocolate
hojas de menta fresca
frutos rojos a elegir

Los habitantes de las Baleares disfrutan mucho con las tarri-nas de queso fresco, postre cubierto con miel o con azúcar quemado. En su isla abundantemente provista de cultivos fru-tales, también se degustan los albaricoques asados a la plan-cha. Nuestro chef los cuece posteriormente en una mezcla de caramelo, triple-seco y zumo de naranja, y los pasa por la ba-tidora. Esta sopa, intensa en sabores y colorido, realza la aci-dez de la tarrina de queso.

Una mezcla de crema inglesa perfumada con limón rallado y canela, con gelatina y queso fresco compondrá la tarrina. Ver-tida en moldes individuales con formas decorativas, se enfría finalmente en el congelador. Cuando está bien firme, basta con sumergirlo en agua caliente para sacar el molde con faci-lidad.

Los albaricoques son una de las frutas más recolectadas en las Baleares. Generalmente, nuestro chef, los asa sobre una

gran placa de metal caliente, aunque puede también utilizarse una sartén. Esté muy atento, ya que tienen tendencia a coger color muy rápidamente.

La sopa de albaricoques mezcla sabores de dos cítricos: el zumo de naranja y el triple-seco. A base de pieles de naranja, este licor se saborea generalmente con cubitos de hielo, o sir-ve para aromatizar cócteles, ensaladas de frutas y helados. Como lo precisa nuestro chef, puede sin embargo ser reem-plazado por *kirsch*. Cuando los albaricoques estén bien coci-dos en este zumo perfumado, páselos por la batidora, y fíltre-los a fin de eliminar los residuos de pellejo.

Cubra sus platos con sopa de albaricoque. Saque una tarrina del molde y colóquela en el centro, decórelas con medias mo-ras y con una hoja de menta, deposite algunos albaricoques y marque la sopa con pequeños arándanos perfumados.

Tarrina de queso: en una cazuela, caliente la leche con el azúcar y la nata. Bata las yemas. Dilúyalas con la leche, vuelva a ponerlas en la cazuela y espéselas hasta conseguir una crema inglesa. Fuera del fuego, incorpore la gelatina ablandada.

En la crema, añada la piel de limón rallada y la canela e incorpore el queso fresco. Vierta este preparado en moldes individua-les y déjelo enfriar al menos 3 ó 4 horas en la nevera.

Sopa de albaricoques: corte en dos los albaricoques y deshuéselos. Fríalos en seco en una sartén. No olvide darles la vuelta para que se doren por los dos lados.

tarrina de queso fresco

Caliente el azúcar y un poco de agua a punto de caramelo. Cuando esté dorado, añada los albaricoques asados.

Riegue los albaricoques con triple-seco y deje cocer durante 10 minutos a fuego vivo, removiendo para que los albaricoques no se adhieran al fondo.

Riegue después con zumo de naranja. Deje borbotar a cubierto 10 minutos. Reserve 3 albaricoques y pase el resto por la batidora. Déjelos enfriar y sirva las tarrinas sobre un lecho de sopa de albaricoques y decore con trozos de albaricoque, menta y frutos rojos.

Los actores

Giuseppe Barone
Sicilia

Michael Cauchi
Malta

Johann Chetcuti
Malta

Serge Fazzini
Córcega

Ioannis Lappas
Creta

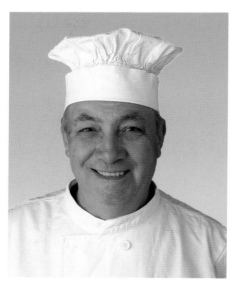

Angelo La Spina
Sicilia

Michalis Markakis
Creta

Óscar Martínez Plaza
Las Baleares

Amerigo Murgia
Cerdeña

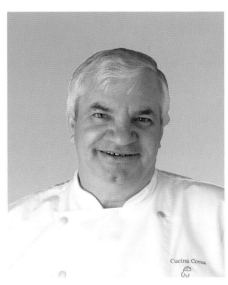

Vincent Tabarini
Córcega

Bartolomé-Jaime Trias Luis
Las Baleares

Abreviaturas y cantidades

oz = onza (30 g)
lb = libra (450 g)
1 kg = aproximadamente 2 libras
cuch = cucharada sopera (10 – 20 gramos/15 ml)
cuchta = cucharadita de postre (3 – 7 gramos/5 ml)
taza (ingredientes líquidos) = 250 ml
1 litro = aproximadamente 4 tazas
taza (ingredientes sólidos) = varía según el ingrediente
°F = grados Fahrenheit (200 °F = 95 °C)

© de la edición original: Fabien BELLAHSEN y Daniel ROUCHE

Realización y producción: Fabien Bellahsen, Daniel Rouche
Fotografía y dirección técnica: Didier Bizos
Asistentes de fotografía: Hasni Alamat, Morgane Favennec
Redacción: Elodie Bonnet, Nathalie Talhouas
Asistente de redacción: Fabienne Ripon

Agradecimientos:

Para Creta:
Academia del gusto por Grecia
Yannis Patellis, Presidente de la Oficina Nacional de Turismo de Grecia
Grecotel e Istron Bay Hotel
Con la inestimable colaboración de Maria Stephanides: Asociación Elga

Para Malta:
Dr. Michael Refalo, Ministro de turismo de Malta
Dominic Micallef, Director regional para Europa del Sur, de la oficina de turismo de Malta en Francia

Título de la edición original: *Délices des Îles de Méditerranée*
ISBN de la edición original: 2-8469-0063-9

ISBN-10 de la edición alemana: 3-8331-2334-6
ISBN-13 de la edición alemana: 978-3-8331-2334-4

© 2006 de la edición española:
Tandem Verlag GmbH
KÖNEMANN is a trademark and an imprint of Tandem Verlag GmbH

Traducción del francés:
Julián Bermejo (Books Factory Translations)

Coordinación del proyecto: Isabel Weiler

Printed in China

ISBN-10: 3-8331-2593-4
ISBN-13: 978-3-8331-2593-5

10 9 8 7 6 5 4 3 2 1
X IX VIII VII VI V IV III II I